北一女青春・儀

北一女中樂儀旗隊永續發展協會——著

一女中
教練

不管在哪裡遊行，爺爺都會陪大家從頭走到尾。

上圖｜1963 年秋天，北一女儀隊在中華體育館前初次公開遊行亮相。

下圖｜1982 年國慶，北一女中、中山女中、景美女中三校儀隊聯合分列式，北一女儀隊旗官走在最中間。

北一女儀隊時常受邀參加國慶分列式。

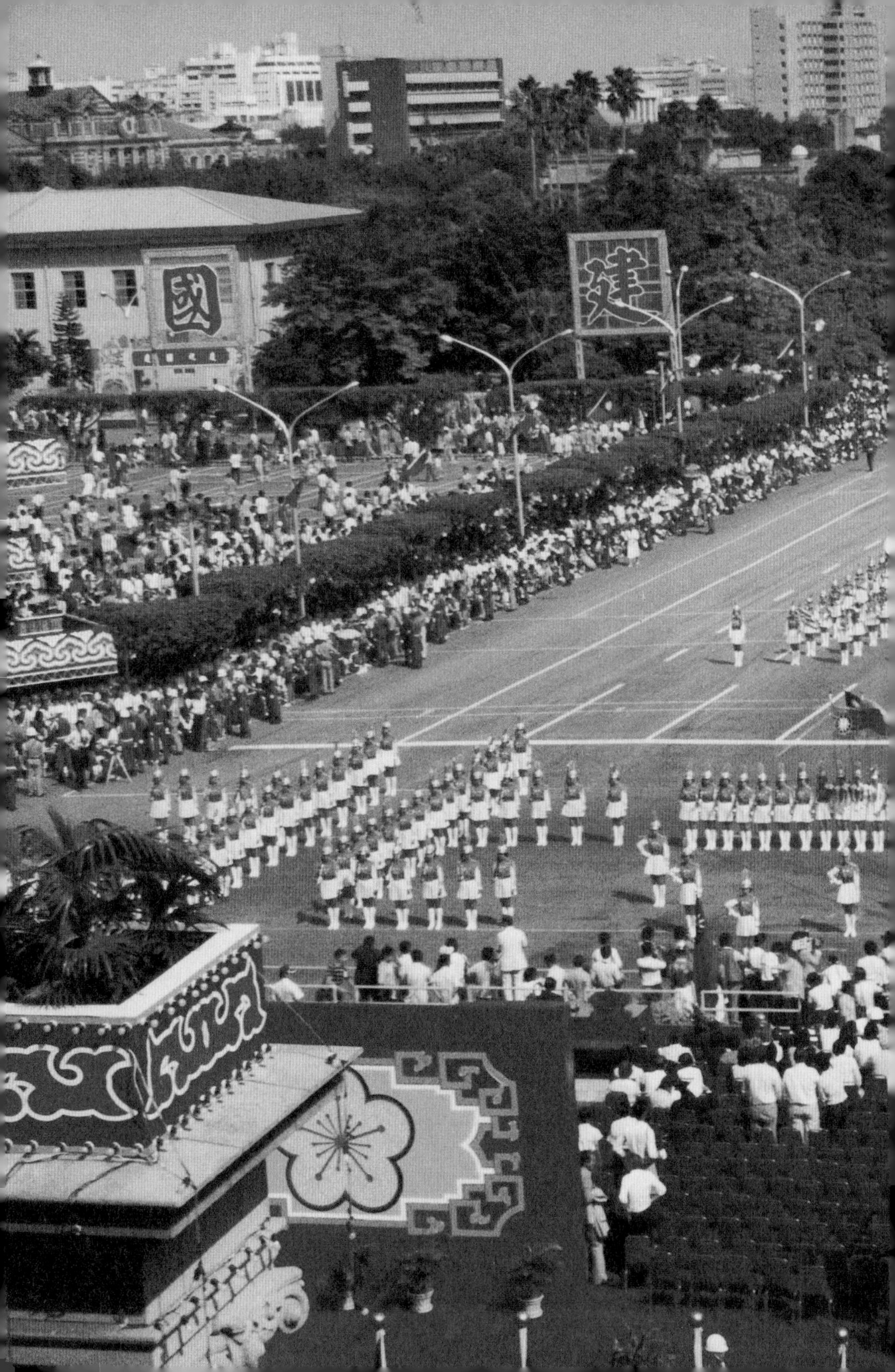
國
建

上圖｜1989 年，史瓦濟蘭國王恩史瓦帝三世訪問北一女。

下圖｜1991 年，祕魯第一夫人蘇珊娜·樋口，偕女兒藤森惠子訪問北一女。

圖上：蔣總統昨天上午巡視區運會，並繞場一週向數萬觀衆揮手致意。圖下：蔣總統在區運會
中向北一女中軍樂隊問好。（本報記者蕭勁旅攝）

1979 年，蔣經國總統視察區運會，臨時走向北一女儀隊，楊先鐸教練反應很快，立刻要隊員停下表演，向總統敬禮。

上圖｜樂儀旗觀摩賽，是全臺灣學生儀隊的年度盛事。圖為儀隊 38 屆。
下圖｜ 1987 年，臺北市改制為直轄市 20 週年表演。

1990 年，野百合學運過後，緊接著就是樂儀旗比賽，野百合塑像還留在廣場。

TP50

國慶日前後，憲兵進駐北一女，管制嚴謹，儀隊隊員穿著儀隊制服，就是通行識別證，才有機會與憲兵合影。

上圖｜2014 年校慶，楊爾文與校友儀隊媽媽陳佩燁，及 17 屆 3 分隊的阿姨陳佩芬，三人都有表演，楊爾文特別做了加油板，請同學幫媽媽、阿姨加油。
下圖｜20 屆 1 分隊的陳佩燁。

50 屆 1 分隊長楊爾文，是陳佩燁的女兒。

上圖｜宗才怡（右一）珍藏著當年穿制服的照片。

下圖｜崔麗心（右一）、高怡平（中）、張怡筠（左一）因為錄節目的機緣，重新穿上隊服。

38 屆的儀隊雙胞胎。妹妹趙珮含（左）是儀旗官，姊姊趙敏含（右）是黑槍 1 分隊。

在北一女附近的沅陵街遊行，附近的好鄰居都出來迎接。

上、下圖｜隊長們穿著儀隊制服，在綠意盎然的校園中合影。練刀的手指頭都還纏著綳帶。

夏日爬滿藤蔓的圖書館映襯著綠制服的大隊練習

上圖｜練習完以後，也是可以輕鬆玩鬧。
下圖｜隊員們長期在太陽下練習，被曬出色差的腿。

儀隊練習結束後，還穿著一身標準打扮，白襪黑皮鞋加上白手套，就開心打起排球。

45 屆是人數最少的一屆，但團結的心不變。

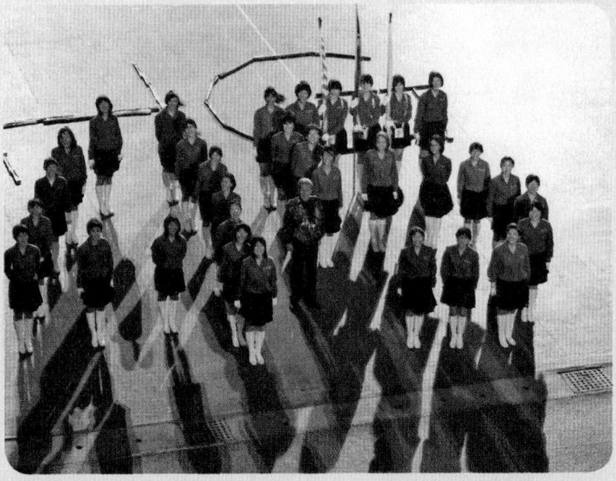

第一女子高級中學

北一女

51 屆要出訪奧地利中歐管樂節的行前授旗典禮。上場前，隊長再次叮嚀隊員。

上圖｜教練說，看鏡頭哪！
下圖｜我們是 4 分隊唷！教練要跟我們一起比 4 ！

被包圍的楊教練，搔著頭講話的楊教練，是女孩們心中最溫暖的回憶。

每回出訪，教練都會在場邊看著隊員，並陪著四處旅遊。

教練也有這一面呀！

上圖｜一起出隊搭遊覽車時，教練也愛 K 歌。

下圖｜42 屆送給教練的禮物，教練珍惜地掛在家中客廳。

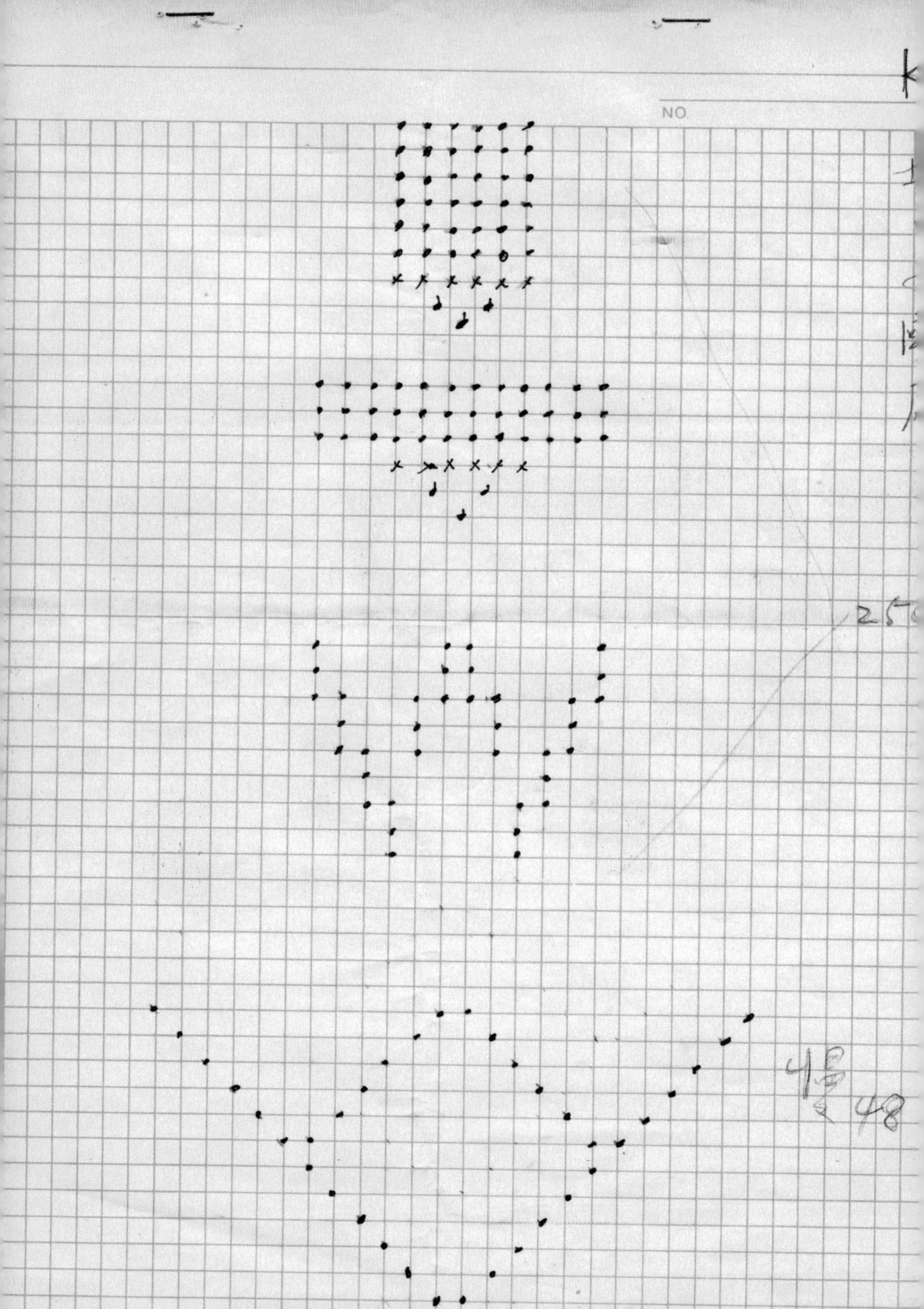

楊教練隊形手稿。

楊教練在北儀最後一年所帶的小高一48屆，在成為正式隊員後，將教練的精神傳承下去，繼續前進。

北儀早期有3位旗官，分掌國旗、校旗與救國團旗，至23、24屆之交，增為5位旗官，多加了儀隊旗和樂隊旗，至1996年31屆赴美國參加花車遊行，改救國團旗為臺北市旗，回臺後就一直沿用。圖為儀隊45屆，由於人數減少，當屆僅選3位旗官，分掌國旗、市旗、校旗。

推薦序 北一女中校長——楊世瑞

北一女青春的最佳代言人

一個人文薈萃的地方，經常流傳一些趣聞軼事；而一所歷史悠久的學校，不僅在校園裡有著師生共同的美好記憶，隨著時間更匯聚出學校的精神傳承與象徵，成為大家共同的榮耀。

提起本校，社會大眾除了肯定同學們的聰明好學、表現傑出之外，也一定會想到精神抖擻、氣宇軒昂的北一女樂儀旗隊。這支隊伍，在過去超過半個世紀以來，一直是本校同學文武雙全、青春洋溢的最佳代言人。

本校的儀隊成立於一九六三年，與於一九五九年成立的樂隊，互相搭配相輔相成。在制服設計上非常前衛，樂隊亮紅色的上衣與儀隊的鮮綠色形成強烈對比，再各自搭配上白色的細褶短裙，同學們穿起來活潑大方，向來是國家重要慶典上的吸睛焦點。

因為這支隊伍的獨特與重要，學校過去在挑選成員時非常嚴格，參加的同學在學業成績上必須達到一定的標準，才有機會加入。北一女也是我的母校，在我求學時，樂隊是由每班前五名的同學挑選而來；儀隊的同學成績須達八十分，且身高達一百六十公分以上。同學經過挑選組成之後，就分別由一位傳奇性人物帶領，兩位教練都在學校長時間擔負起訓練的重責大任，歷來的校長與學務主任對他們敬畏有加。樂隊教練是畢學富先生，儀隊則由楊先鐸教練帶領。

楊教練在一九六三年本校儀隊成立之初，就來到綠園帶領大家。一屆又一屆的儀隊同學在他的訓練及帶領下，無論是走步時漂亮的旋臂動作，或是黑槍與白槍的精確槍法，配合樂隊輕快的節奏做出各式漂亮的隊形變化，每次出隊總是獲得在場觀眾熱烈的喝采與掌聲。在旁邊觀看的其他同學，也以儀隊同學出神入化的精湛演出為榮。

我是外地生，在求學時代沒有參加樂儀隊，但是自一九八八年回到母校任教後，經常有機會看到楊教練在操場上陪伴同學練習的身影。教練瘦瘦高高的，平日表情略顯嚴肅，儀隊同學練習的時候他總在旁邊觀看，相對於畢教練，他顯得沉默許多，經常是陪伴著同學卻不多說什麼。身為輔導老師，常聽同學分享課業學習與社團生活的種種，當同學們談起楊教練，總是流露出尊敬與欽佩的神情，大家都能感受到他嚴肅外表下的關愛與用心。

二〇〇六年，我離開綠園先後到大直及中山擔任校長，拉遠了和學校間的聯繫。四年前得知楊教練因病去世的消息，心中深感遺憾，一方面為同學失去了一位優秀的教練感到難過，另方面也為綠園失去了一位傳奇人物而覺不捨。去年八月回校接任校長，剛好趕上參加樂儀旗隊永續發展協會的年會。協會在二〇一三年成立後，非常關心學妹各方面狀況，並努力為學妹做事、照顧學妹，包括在學妹出隊時，到場加油並幫忙攝影；提供資源為學妹安排防護講座；最近也規劃要協助學校將樂儀旗隊的歷史文物電子化，進行隊史的數位典藏等。當然，在那天與校友的交流中，也充分感受到大家對於楊教練的懷念，他一直存在大家的心中，絲毫不曾淡去。

最近得知胡毋意理事長花費心力要為楊教練出版紀念專書《北一女青春・儀》，這再次驗證了綠園濃郁的師生情誼。大家分頭蒐集照片與資料，包括和楊師母聯繫取得寶貴的收藏，這些珍貴的收藏有機會隨著專書付梓，得到完整保存。在此要特別感謝同屆同學毋意理事長的邀約，讓我有機會為這本深具意義的專書留下見證，它將成為大家對楊教練最美好的集體回憶。

跨越時空的重聚

推薦序 北一女儀隊第一屆護旗——宗才怡

恭喜並祝福這麼多用心出力的小綠綠們，北一女儀隊半世紀紀實首書終將付梓。這是大家共同的歷史和甜美的回憶，也是往日曾領受高標準、嚴格紀律訓練的同學們今日衷心感激的寫實。更期盼在學的和將來的小綠綠們，讀了這本書後能承先啟後，繼往開來，將這份榮譽、責任和紀律永永久久傳承下去。

書寫得清楚嚴謹，就像是綠園所有的產品般完美無瑕，點點滴滴道盡臺灣社會近代歷史、思想和北一女的變化。真是一部值得收藏的好書。

從一九六三年北一女儀隊正式成立，到一九九六年南加州北一女校友會的好友們為了慶祝畢業三十週年，自製木槍再次成軍上陣，以至於二〇〇七年在圓山飯店十二樓舉行第一次的隊友大會師，書本中都有詳細的記載和栩栩如生的介紹。自己又幸運地在姊妹淘的嘻笑玩耍和學校的嚴格管教中身歷其境。

雖然身為第一屆成員，沒有穿到美術老師提議的短裙（但是後來的學妹們終於穿到），成軍不久，站在隊伍之首的旗隊就在南非某元首的歡迎大典上讓人驚豔。雖然當時我心裡還嘀咕著制服不合身而且太短，但是整齊的步伐、秀麗的身影，北一女校旗在國旗、市旗旁優雅地隨風飄揚，我們被肯定了！一九九六年在南加州的洛杉磯重聚，好友的兒子看到我們策劃的組織與儀隊再現，也驚豔地直說：「妳們原來是這樣酷啊！」

雖然當時覺得打排球班隊、大隊接力賽跑、插花等課外活動已經夠多了，每次儀隊練習總是放下書本，心不甘、情不願地下樓，但是現在回想起來，那真是一個紀律、團隊付出與責任的最好訓練。那種責任感和團隊精神對企業經營或從政都是正面的影響。

幾年前欣悅地在圓山飯店十二樓參加儀隊跨越時空大重聚，校長說儀隊的人數減少了，我希望未來是重質而不在量！希望小學妹將北一女和儀隊的傳統繼續接力下去。

北一女除了有「公誠勤毅溫良恭儉讓」為班級名稱，謝謝母校給我們的提示和教誨，也感激老師們曾告訴我們「一代好媳婦三代好子孫」的循循善誘，北一女所有的學姊學妹們一路扶持，大家都是我人生永遠的貴人和甜心。

敬祝新書發表成功，更謝謝所有北儀成員一路走來的付出和分享。

北一女儀隊第十二屆一分隊、北一女中樂儀隊旗永續發展協會理事長——胡毋意

青春海水煮成鹽

青春十五、十六時，離我已經很遠很遠，但那些深深淺淺的記憶，刻蝕在我心裡好深好深。

那年穿上了綠衣黑裙，下課時總愛貼著窗子看操場上學姊揮刀舞槍的身影，好帥！很自然地，當教官宣布要徵選新隊員時，我歡歡喜喜地報了名，成為北儀的一員。這份緣，一牽一輩子。

二〇〇七年，我頭一次回到三十年不見的母校，唯一的理由是看看我的老教官楊先鐸！他還是那樣挺直著腰桿守在操場邊盯著小學妹練習，他居然一眼認出了我——那個當年讓他傷腦筋的小女生。也就在那年，因為儀隊人數銳減，只剩四十幾個，不同於當年我們一百二十幾人的盛大陣容，一向數大就是美的儀隊，這下子只能出小隊了，隱隱地，我感受到了他的一些些失落，興起了想為他以及他奉獻了四十幾年、大半生歲月的北儀拍支紀錄片。也是那年，我們成立了北一女中樂儀旗隊永續發展協會，試圖找回北儀的輝煌。

二〇一一年初，我回學校看教練，在凜凜冷風中他拉了把椅子坐了下來，四十年來他很少這樣，遙看著小教練鄭穎澧帶領學妹操練，他淡淡地說，他感冒了，身子有些不舒服，說著說著又站起身來走向操場中央。我望著他的背影有點擔心，也就是那天晚上，他住院，沒再出來。

教練走了，很突然，大家沒什麼準備，從教官、教練到爺爺，他帶出來的女兒孫女滿堂，卻哀傷地在追思會上相見。我記得教練曾經有這樣的願望：成立校友隊，讓北儀的種子遍地開花，在追思會上，校友隊真的佩掛肩章成軍了，而且從臺灣到北美，從洛杉磯到亞特蘭大！我也想完成一本書，記下四十年的點點滴滴，畢竟北儀這支隊伍已經跨越五十年，不但是北一女中的門面，也是全臺灣高中學生儀隊的表率，這已經是一段歷史一種文化，難道不應該被留下來嗎？

在第一代學生儀隊教練楊先鐸和燕忠堂相繼離世後，終於，《北一女青春・儀》出版了，它不僅僅述說北儀的歷史，也書寫著五十年來臺灣高中學生儀隊由萌芽而成長的過程，適時反映了近代臺灣社會的變遷，所以，它不是給少數人看的書，而是所有關心臺灣年輕人與校園文化的人都該閱讀的。感謝所有促成這本書誕生的人、我的母校北一女，讓大家看到亮麗輝煌的背後，竟然沉澱了這麼多辛勤的汗水跟淚水，甚至淌著血，和著雨，凝成每一件綠衣背後結晶的鹽巴。

如果青春能夠重來，我會再回到這支隊伍，我要用心學習，我要規規矩矩地不再遲到，因為，我不能辜負教練的苦心！

協會序　北一女儀隊第十八屆總隊長、北一女儀隊校友協會副理事長——張迎真

塵封的記憶開始翻騰

塵封的記憶，由二〇〇七年儀隊回娘家活動開始翻騰。

郵件是長居美國的儀隊同學轉來的。因為儀隊楊教官想念他在北一女幾十年的女兒、孫女們，四十一屆的學妹決定一圓「爺爺」的想望，辦了這場在圓山飯店，近八百名北一女儀隊校友以及在校儀隊學生參加的回娘家看爺爺活動。填寫報名資料時，赫然發現自己竟是前三分之一儀隊屆數的校友！可是活動當天，一和同屆隊友以及前後屆學妹相見談笑，還有大夥兒搶著摟著教官一起拍照，那場景如同重回十七歲的少女時代。

熱鬧、開心的大隊聚後，又一次同美國回臺的同學在校慶時回校看教官。看著他一會兒幫校友隊看分列式隊形，一會兒跟回校探訪的學姊或學妹合照，再一會兒又來回巡視即將表演的在校生儀隊隊伍，好像見到當年也站在隊伍前方的自己。然而那也是最後一次見到教官了，隔年過年不久就傳來教官去世的消息。參與告別式、主持追思會，惋惜的心情延續著；隔年，畢業三十年重聚前

一年，校友隊學姊邀我參加校友隊練習，而主辦追思會的儀隊校友協會也開始在籌備「北儀五十年，風華永傳續」的半世紀大活動。二〇一三年是忙碌的一年，年底的三十重聚儀隊表演，要召集隊友，協調隊友首度的跨洲合作，我要練刀也要練槍；儀隊五十重聚又擔任活動召集兼主持人，開會、洽談場地、確認演出流程及內容，甚至連我學生的露營晚會表演也是儀隊操槍……儀隊瞬間又重回我的人生！

活動後，我持續參加著校友隊練習，還有十八屆儀隊同學每月的健行聚會，我和儀隊的連結也愈加緊密。今年四月，北一女中樂儀旗隊永續發展協會決定將二〇一三儀隊校友協會（永續支會）未能完成的，為北儀第一任教練楊先鐸教官出版傳記的計畫，以儀隊紀實的角度繼續進行，期為北一女儀隊留下紀錄，讓更多人知道這支美麗隊伍背後的精采。籌備會中，永續理事長胡毋意學姊委我以出版小組召集人的重任，我便一路跟著開會討論，參與故事蒐集與採訪，以及其他出版相關事務。

現在《北一女青春．儀》即將出版，一頁頁的篇幅圖片，彷彿當年的青春年代重現。感謝所有為本書出版努力付出的學姊妹，當然包括眾多捐款完成這個夢想的人！還有謝謝您，楊教官！北一女儀隊因為有您而精彩，也期待這支美麗的隊伍風華永續。

目次

CHAPTER 02

Ⅱ 綠園中那些女孩

CHAPTER 03
Ⅲ 濃緣，淺緣，淡緣

CHAPTER 04
Ⅳ 半世紀見證

ADDENDA
V 附錄、年譜

CHAPTER 1

— 北一女青春 —

故事是這樣開始的……

青春，想起來那樣溫暖與朦朧，
當時似懂非懂、
傻裡傻氣地度過了。

I

我、你與妳們

青春，想起來那樣溫暖與朦朧，當時似懂非懂、傻裡傻氣地度過了。

二〇一一年二月七日，楊先鐸教練辭世。他在北一女儀隊任教了四十七年又幾個月，這消息一擊中的地打在我們的心上。腦中一時傾瀉而出太多畫面和感情，讓人來不及捕捉。

記憶中的十六、十七歲，操場上那「一、二、一、二」的喊聲，那時天空的顏色，累了大半天後終於可以休息的快樂，忽然崩塌了；畫面中，好像永遠缺了什麼。

有人身在國外，是昔時的隊友急急忙忙傳訊息告訴她的；還有人是看到新聞快訊，慌慌張張找隊友確認的。確認什麼？也許是不敢置信吧！這些人是學姊和學妹們，觸動我們心中某部分記憶的關鍵，好像交會在這一刻，不管我們身在哪裡，心中思念的是同一個場景。

有一陣子，我好像失失落落地在步伐可及的地方，不自覺地尋找和拼湊。日子一天天過去，儀隊那段時光，便是那樣自然而然地成為高中階段美好的回

左圖｜2010年12月底，楊教練帶完校慶後，曾身體微恙住院，卻交代說不要告訴學生。出院後，心裡記掛著的就是回學校帶大家訓練，留下了最後這張操場上的背影。

憶。沒去想起時，那一兩年，也如同其他歲月中的一兩年，各自有著各自值得懷念的事。可是怎麼才多久沒提起，記憶中的畫面就不一樣了呢？楊先鐸教練的離去，給人的多半是這樣的衝擊吧！

某天，我在很遠的地方，恍恍惚惚看見很熟悉的身影。那種堅毅的、無畏的樣子，嘴巴裡從來不說一個苦字，永遠笑笑地、怡然地跟妳說話，盡自己的本分、也不爭什麼，然後做到最好。是楊教練的儀隊精神，原來學姊、學妹已把這種精神帶到世界各個角落。這也是在日後遇見了許多那樣的身影，才明白的。

想想，真的，北一女儀隊於我們，都不只是一段尋常青春歲月而已；它為未來的我們，留下了許多與當時的自己及後來的妳們相遇的契機。因此，我把所知道的記在這裡。

帥氣英挺的楊教練。楊教練身上穿的，是儀隊 12 屆預定去夏威夷時，所訂做的團體外出服。後來因故無法成行，外出服還是發給大家，楊教練就在當年校慶穿著現身，他的挺拔站姿，讓這套西裝更加筆挺，把淺綠西裝搭配白長褲穿出一番瀟灑。

Coach Yang | 01

教官・教練・爺爺

楊教官、楊教練或爺爺，這些都是北儀孩子們對楊先鐸教練的稱呼。四十八個年頭的歲月，楊先鐸在北一女從一個不滿而立的生澀小伙子，到成了和藹慈祥的老爺爺。孩子們對他的那些稱呼，聯繫了他們之間的——變與不變。你只要聽到北一女的學生怎麼樣稱呼他，大概就可以推斷她是什麼時期的儀隊隊員。

楊先鐸初至北一女，教導第一屆儀隊時，還是一位助教，學生們稱呼主要的指導者陸軍儀隊隊長于仕湘為教官，而稱呼他為「楊教練」或「小教官」，因他當時瘦瘦高高皮膚黝黑，也有學生私底下暱稱他為「小黑人」。自儀隊第二屆開始至十二屆，于教官囿於軍儀職責，隱身幕後，名義上為教練，實則僅在重要場合出席，楊教練自此成為北儀主要的指導者，因此學生們開始尊稱他為「楊教官」。

其實，來到北一女指導儀隊的于仕湘和楊先鐸，一直都是「教練」的角色，不過他們同時身兼軍職，在尚武敬軍的國府統治早期，學生們或發自內心、或

女孩們都會將合照送給楊教練留念，背面寫上幾句問候語，或加一張小紙條，道盡不變的感情。

受訓導處老師指點，便會尊稱他們為「教官」。

約在一九七〇年代，北一女樂隊來了一位出身軍樂隊的楊念春教官，楊念春的年齡比楊先鐸要大一些，時常一起受訓與出隊的北一女樂儀隊隊員們，便很有默契地稱楊念春為「老楊教官」，楊先鐸則成了「小楊教官」，大致從儀隊第十屆到十八屆都有這個印象。直到楊念春離開北一女樂隊，儀隊的學生們才又改口喚楊先鐸為「楊教官」。

楊教官在五十二歲時軍齡屆滿榮退，卸下軍職後，儀隊從二十一屆起，大都改口稱他為「楊教練」。隨著他年齡漸漸增長，他與學生也愈來愈親近，那段時期的學生，多覺得他很像家中親切的長

2010年春天，楊教練仍親自帶練習，他心思非常細膩，隊員一有任何狀況，就會過去關心和鼓勵。

輩、很像愛護子女的爸爸。他身為軍人的那一份毅力與榮耀沒變，但偶有的嚴肅漸漸都收起來了。

一教已教了二十多年，楊教練也在想，自己有天可能會退休，是否該培育一個接班人。一九九〇年到一九九七年，楊教練找來陸軍儀隊退伍的戴鴻堯至北一女協助，有了年輕人在前，昔日的「小教練」換人當了，學生們私下就直喚楊教練為「老教練」。

數十年如一日，一晃眼儀隊女兒們傳承到三十多屆，那時楊教練已經年過耳順，這位長輩與學生之間的角色，漸漸從爸爸與女兒，變成了爺爺與孫女。像是三十四屆的學生們早已自動在教練後面冠上爺爺二字，稱他為「教練爺爺」。

到了儀隊三十九屆，楊教練已經六十六歲，孩子們更直喚他「爺爺」，連「教練」兩個字也省了。他樂於當她們的爺爺，因為那直率的表達，誠懇道出她們對這份情誼的珍惜。捨不得退休的楊教練，數十年不間斷地指導著北一女儀隊，不論他老了、體力乏了、膝蓋鈍了，仍堅持著，直到他再也沒辦法站起來為止。支持著他的那股動力，莫不是這份真切的感情！

楊教練與北一女儀隊隊員們的情感，隨著他的生命，流成支脈阡綿的長河；一聲聲呼喚勾起的點點滴滴，繪滿了他人生逾半的風景；他一生的辛苦與風霜、真心與夢想、成就與榮譽，是都離不開這份牽絆了。

故事，從這裡開始

一九六三年九月，開學沒多久，這天，這所跨越時代、屹立半世紀多的女校，來了兩位陸軍儀隊的男軍官。

一如往常的日子，訓導處廣播，「全體同學注意，身高一百六十二公分以上……的同學，請到操場上集合。」

一群總是乖巧的女孩子咚咚咚就跑下樓，每個人心中，多少有點忐忑，疑問與好奇不斷冒出，每次訓導處廣播找人，不會先說為什麼，卻也不敢多問，只在心中暗想，不知迎接她們的下一個場景，是要褒獎的，還是處罰的。

女孩子一列一列整齊排列，等在風沙紛飛的操場。她們被指示著輪流往前走，來回走一趟，然後換下一列。訓導處孟瑋教官和一位又白又高的陌生軍官，就在前面專注地看著她們。被這樣注目著，彷彿是舞臺上模特兒在走台步，「好，像平常走路就好。」愈是這樣想，走起來愈是彆扭。有的人被喚了出來，有的人默默站在原位，終於前面的人開口說話了，「被挑出來的人，今後就是北一女中儀隊。」

「儀隊」，她們心想，「這個名詞聽起來新鮮。」前兩年，北二女*已經有儀隊，但平常也不會特別去關注，不知道儀隊是個什麼樣的隊伍。只聽說江學珠校長說過，「北二女有儀隊，我們北一女怎麼能沒有？」江校長相信，不管讓北一女的女孩做些什麼事，她們都會做到最好的。第一屆隊員挑選出來了，就是她們，她們被寄予厚望，開始了儀隊生涯。

上圖、右圖｜1967 年校慶，在分列式繞操場一圈之後，按分隊排成一長條隊形，靜聽校長等致詞，之後才是樂儀隊的正式表演。

下圖｜1968 年母親節前後，學校請了專業攝影師為第 4 屆隊員拍照。

儀隊練習開始了，每週有一兩個下午，豔陽總把女孩們曬得面頰紅通通的。擔任陸軍儀隊隊長的于仕湘和陸軍儀隊訓練組長楊先鐸，一齊在操場上帶領著她們。他們倆，一個又白又挺，一看就是高俊，親和力強；一個又黑又瘦，倒是笑容靦腆，有些寡言。這便是她們口中喚的于教官和楊教練。于教官講解指令，作為助教的楊教練則負責示範。

第一年，兩百多位高中女學生碰上了陸軍儀隊的男教官，所有事物都是頭一回。想要訓練得好，又不能搬出軍隊中使慣的手腕，這對兩位初來乍到的教官是一大考驗。于教官收起部隊裡的威嚴，臉上常掛笑容，訓練女孩子都是好聲好氣地，凡事不勉強。當時的楊教官，還是個年輕小伙子，三十不到，靦腆寡言的他，對一群古靈精怪的女孩子還真是拿不出辦法。

作為「第一」女子升學高中的學生，都是被期盼著考好大學的，誰要跟你在那邊做走隊形的演練呢？家長贊不贊同、師長支不支持，是一回事，社會氛圍中對她們的期盼在不在此，也是一回事。第一屆隊員黃曉露說，那時的隊員之中，有種「小姐們肯集合練習、肯乖乖在大太陽下聽你的指令，那就很謝天謝地了」的氣氛。不過，女孩們內心偶爾撒點嬌氣，卻也不偷懶，畢竟都是資質優異的一女中學生，訓練成效倒也不錯。

只是沒過多久，黃曉露她們發現了，只要一到休息時間，于教官的身影就會立刻消失不見，後來聽說，于教官都是到校長室吹冷氣去了。「小姐們的秀髮，都頂著太陽發燙呢！」花樣年華的少女有些忿忿不平，平常兩位教官各有一頂軍用便帽遮陽也就算了，那年紀的女孩都是愛漂亮的，女孩子沒躲太陽，大男人倒是去吹冷氣了，這可怎麼行。於是，還在操場上的楊教練，就成了她們討公道的對象。

女孩們追著楊教練東問西問，也很頑皮地，就知道他會招架不住，非要問到他脖子、臉啊都紅了，才要放過他。楊

前 6 屆儀隊的制服。

教練對那些女生半開玩笑式的拷問，簡直不知如何應對，最後總鬧得轉頭走開，默默站到操場的一角，一個人曬太陽。

第一屆，所有的榮耀與讚譽都還是後來的事，女孩子只覺得對學校有些該付出的義務。在別人下課回家不是讀書就是幫忙家務的單純年代，那幾個烈日午後的練習時光，是特別的；她們肩上多了一份責任，僅是被挑選出來的人才擁有的，因此彷彿有種隱隱約約、不知來由的光采慢慢從心底生起。

北一女儀隊的成立，除了早一兩年有北二女、臺中女中開女校儀隊風氣之先外，更重要的是江學珠校長對北一女學生的期許。一九四九年，江學珠隨著國民政府來臺接任北一女校長，同時，也兼任第一屆國大代表。在戰後人心惶惶的時局中，她帶領北一女的方式，一改傳統社會對女子嫻淑的期待，而是以「公誠勤毅」的儒士品格作為校訓，教育出下一代憂國憂民的知識分子是她的理念。

時逢一九五〇年代，三軍儀隊在臺灣重新興辦。曾任陸軍儀隊隊長的戎邵鑫將軍，也是楊先鐸教練的長官，他回憶道：「當時是真的有那個需求，我們國家常常要接待外賓，都是總統級、國王級的人物。」在那個年代，儀隊是一種

儀隊與樂隊在學校裡的正式演出。

儀隊第一屆在總統府前演出。

國家威儀之必要展現，為來訪外賓表演，是表達我國的隆重禮遇，更是人民氣質最直接的呈現。

後來幾個年頭，學生軍訓教育在全國全力施行，便有人評估成立學生儀隊的可能性，但礙於有儀隊經驗的多是軍人身分，教練不好找，須在救國團的協助下，各校才得以請到一位隊長帶著一到兩個士官到校任教。

一九六三年，在江學珠校長的推動下，北一女儀隊正式成立。當時擔任陸軍儀隊隊長的于仕湘受邀前往任教，他問隊上楊先鐸說：「和我一起到北一女帶儀隊，去不去？」楊先鐸回答他：「北一女那麼棒，當然好啊！」兩位從來只帶過軍儀的男教官，碰上了傳統女校的兩百多位高中女生，又將碰撞出什麼樣火花呢？對於教官與學生，像是展開一場華麗冒險；對江校長而言，則是打一場壓了重寶的賭注。

江校長相當慎重地看待選任師資之事，向來必親力親為；而聘任之後，也一向放心把女孩交給負責的教員。因此，她並不到操場上視察練習，相信她們會做得很好。唯獨有一件事，她卻從不能放心。原來，于教官親和力強，又有著高俊的外貌，傳言中，有些女生偷偷暗戀他。這可不行！江校長有了個兩全其美的辦法，為了「禮遇」這位長官，凡是休息時間，都「請」他到校長室中休息、吹冷氣，只派出這位拿這群女孩子什麼辦法也沒有、總巴不得逃得遠遠的楊先鐸小教練，在操場上看著她們。

「絕對、絕對，不能有任何逾越師生的關係！」江校長語調高昂而堅定，幾句話語在校長室裡迴盪許久。

＊北二女：一九六七年改名為臺北市立中山女子高級中學。

儀隊教練于仕湘教官（右二）、楊先鐸教官（左一）及樂隊教練畢學富教官（右一）、楊念春教官（左二）與十一屆儀隊隊員合影。

Coach Yang | 02

北儀教練大有來頭

「楊教練也指導三軍儀隊嘛！就覺得他來教我們，我們很光榮。」十五屆的王如玄這麼說。

三軍儀隊成立之初，楊先鐸便成為第一屆陸軍儀隊成員。當時，上級邀請了美國海軍陸戰隊與韓國陸軍儀隊來臺交流指導，楊教練被遴選出來，展開為期三個月的訓練。可令人意外的是，這幾位國外來的軍人，除了短暫的基本軍禮執行外，便提不出其他教學內容。有次，其中一位美軍上尉拿了把禮槍說：「我回去練練，再來教你們。」這一去，就人影無蹤。

什麼資源都沒有的第一屆隊員，只好土法煉鋼。他們找來韓國陸軍儀隊的八釐米小電影，投影在牆壁上，一遍一遍地看，自己琢磨拿捏，才把幾個槍法湊起來。

後來投身各校儀隊的楊先鐸、施克順、燕忠堂、張有全等人，都是其中佼佼者，他們自己發明槍法、試排隊形，這一群「槍法研發小組」，琢磨出許多傳承至今的經典槍法。第一次三軍儀隊競賽中，楊先鐸率陸軍儀隊拔得頭籌。

操演技巧變化多端 樂儀隊齊展丰采

教頭調教有方 亮麗隊伍受歡迎

記者牛慶福／台北報導

三軍儀隊帥氣的陣容，齊一而又變化多端的操演技巧，早由幾位退伍的老兵傳到了台北市的各高級中學。近卅年來經過他們「一個命令一個動作」的嚴格要求，在高中培養了一批批的儀隊，代代相傳不息，內容也越來越多采多姿，本月廿六日起，他們將與世界各國的樂儀隊齊展丰采。

施克順、楊先鐸、燕忠堂原本都是軍中儀隊的教官，先後在卅年期間，把軍中的儀隊帶到台北市的各高級中學，退伍後仍樂此不疲。「因為這些學生太可愛了，每個人都以成為儀隊的一員為榮，每天自動自發在大太陽下學習。」施克順的話反映了幾位老教官的心聲。

由空軍儀隊退下來的施克順，民國四十八年在中山女中創辦了樂儀隊，楊先鐸與燕忠堂接著又在北一女、景美女中訓練了一批儀隊，終於帶動了台北市各高中成立儀隊的風氣。從此一支支亮麗的隊伍經常在慶典中出現，表現了整齊劃一的操演技巧，到外國訪問時也獲得了不少的掌聲。這幾位老教官表示，「我們培養了在外國中學隊伍中看不到的精神表現。」

這些教官對女生操練儀隊時的認真態度至表佩服，男生硬是差上一截，這也是每年樂儀隊的比賽前三名總是為女生所囊括的原因。楊先鐸表示，一個托槍、槍放下的基本動作，在軍中教到整齊劃一的地步，也要花上相當的時間，而他們現在教的個個是小女生，但耍起花槍來，照樣可以上拋至半空中轉上三圈。

平日這些女生是父母的掌上明珠，但參加儀隊後可以站在太陽下練上兩三個小時，曬得滿臉通紅、黝黑而毫不在乎。操槍時不小心被轉動的槍敲到了，只要不嚴重，吸吮一下流出來的血繼續練，難怪這幾位教官一再表示：「她們實在太可愛了！」

台北國際樂儀隊觀摩表演大會本月廿六、廿七日將在中正紀念堂與台北市立體育場舉行，共有十七支隊伍參加。

楊先鐸（左一）、施克順（左二）與燕忠堂（右一）在各高中培養了無數支儀隊，戴鴻堯（右二）是他們的接棒人。記者牛慶福／攝影

媒體報導北一女中、中山女中、景美女中的三位儀隊教練，提及他們帶動了臺北市各高中成立儀隊的風氣。

楊先鐸（右二）在晉階儀式受到表揚，圖為 **1982** 年陸軍儀隊幹部升職之晉階儀式。

其後，楊先鐸更在創新技法與指導後進雙方面受到公認肯定。據陸軍儀隊四十八期的戴鴻堯回憶，楊先鐸在軍儀中的職務為操作一分隊訓練組長，並兼任創新隊形及排練，軍階士官長，直到一九八六年退伍。

二〇一〇年，三軍儀隊籌備國慶演出，邀請已經七十七歲的楊先鐸教練傳授經驗，而他總以當年獨創的「左旋槍」動作為例，一再提醒創新、執著與努力不懈的重要性，以勉勵後輩。這也是楊教練逝世前，最後一次指導三軍儀隊。

受過他指導的學生，無論軍儀或學生儀隊，提起楊教練都是相當感念，敬仰他一生的付出與貢獻。

CHAPTER 2

—北一女青春—

綠園中那些女孩。

這些年，學姊與學妹們，
都在同一個操場，踏著相似的腳步，
度過一樣燦爛的青春。

II

青春夢中

每一個人，都曾經歷過一段，什麼也不太會、容易做錯被罵、平凡卻很努力的日子。無關當時美不美，那段日子總讓人無比懷念。

「記得大家剛開始拿木槍時，很多人轉槍練不起來，有個同學前一天晚上夢到轉槍要怎麼做，隔天竟然就會做了。」三十五屆的戴士嫻說。

「那時候，連睡覺都會夢到自己在畫圓，做轉槍想像訓練。」三十九屆的陳雅惠也說。

即使過了好久，那段日子不曾遠去。

「到了現在還會做掉槍的噩夢。」三十九屆的諸耀君說。

「到現在還會夢見找不到國旗、找不到靴子，或者不但遲到，到了表演場地，還發現那最重要的，要用來支撐旗子的旗套忘了帶。」二十五屆的儀旗官宋佩文說。

「很常夢到表演前的緊張，像是表演就快要開始了，可是隊服還沒穿好。隊長的表演就只有最前面六秒鐘，一旦出差錯，這場表演就完了。」三十四屆一分隊長陳祖睿說。

歲月愈走愈長，那段日子，悄悄溜進了一夜夜青春夢中，似水流年。

「練習時，看見爺爺朝著我走過來，我還在心中想說不要讓他失望。」三十九屆的林揚翼記得，到了美國已經好幾年之後，仍在夢境中，回到了北一女操場上，回到拿槍練習的時刻。在異地的夢醒時分，思緒特別清澈，楊教練其實已經走了，能夠回到夢中見到他，感覺有點複雜，但也挺好的。

儀隊生涯是這樣一天天深入她們心裡，縈繞在腦海裡。

正式表演前夕，隊員們留校練習。

甄選時節

年復一年，每到年裡的某個時節，儀隊甄選的活動就要開始。

儀隊甄選，像某種儀式敲鑼打鼓地展開。參加甄選的都是剛入學第一年的「小草」、「小綠綠」。

第一屆時，一切都是新例，身高與儀態通過標準的，就循編入隊。那時候社團少，學生課外沒什麼特別的活動，練儀隊就是個新鮮的玩意兒。她們這麼一玩，到高三模擬考了才乖乖回課堂讀書，是「服役」最久的隊員。第一屆的經驗，讓儀隊之間漸漸有了標準、摸索出了制度；接下來，入選多加了成績門檻，「退役」也提早到高三上學期，為的都是讓大家不忘讀書本分、不致影響考大學的步調。

自那時起，儀隊甄選的季節跟著考試季節變動，就像東風跟著春天、南風跟著夏天。早期多是春意早發的二三月，寒假剛結束，高一上學期的平均成績，對應著允許甄選的資格。

隨著聯考時代終結，大學入學指標改為學測和指考，所有時序都前移了，每

甄選的第一關，是女孩在操場上排成一列列，輪流來回走。

當秋褪冬漸，高一上第一次段考成績出爐，就是儀隊甄選的時節。後來又更早了，九月一開學，便用高中入學的成績來甄選。

歲月流轉，每一個開始，對應著每一個結束。不變的是，甄選時，大家都只十五六歲。

儀隊的第一次練習，通常是從最基本的站立開始，或者走路，或幾種基礎步伐，各屆不一。在沒有成為正式隊員前，每一次的練習過程，都可視為甄選的一個環節。

來參加練習的人，不外乎是通過甄選門檻標準來的；當然只要有意願，身高或成績差了一些些，原則上也可以通融。第十屆的馮燕就說，她那時候剛進北一女，剛感受到同學都很厲害，成績落到十名上下，就已經很難過了，自己的身高還達不到標準，跟儀隊無緣，心情更是失落。幸好，班上教官知道她有意願加入儀隊，幫忙向主任教官說情，也讓幾位身高不達標準的同學連帶如願進入儀隊，這幾位同學後來還一起成了護旗手。稍矮的她們，讓那屆旗隊（掌旗與護旗隊列早期稱法）成了「山字隊形」。

女孩們參加第一次練習，外在因素相對單純，有趣的是各人心思中埋藏的小劇場。有許多人是沒有什麼願或不願，選上自然就去了。還有，某些年分裡，學校規定通過甄選標準者，最少必須參與一到數次練習，當然就會有人暗想，只要撐過幾次，再來「退隊」就好了。有些人，則是從小就很想加入儀隊，有的是看了學姊的表演而心生嚮往的。

嚮往參加儀隊的女孩們，決心強大，像拚了命似。三十九屆的胡藜方提起，那時候她們班上有六個人自願一起去加入儀隊，第一次練習是在至善樓金字塔廣場，立正站了兩個小時，她站得差點昏倒，而站在她斜前方的槍友*居然昏倒兩次。「一面曬太陽，我一面看著陰影發呆，看得有點頭暈，就舉手跟學姊說『我有點想吐』，去廁所洗把臉回來繼續站。」胡藜方回來，再站不到五分鐘，槍友突然在她面前倒下，學姊馬上將人拖到後面，大概休息了十分鐘，槍友又站回原位；結果，不到幾分鐘又暈過去，胡藜方被槍友驚嚇到不行，學姊更是一邊拖人一邊交代說：「妳不要再站回去了！」

經歷了幾回，胡藜方記得倒數第二次甄選，金字塔廣場的考驗結束，學姊開始喊名字，沒被喊到的就被刷掉。她們這整排都沒被喊到，站在胡藜方前面的人開始哭，她則是不敢置信，內心一直吶喊「什麼！我被刷掉了嗎？怎麼可能？

上圖｜剛進儀隊的小高一都很喜歡跑去跟學姊要求合照。

下圖｜拍照的27屆高一小學妹，看見已升上高三的25屆總隊長正巧經過，趕緊拉著身旁的26屆1分隊長（左）與25屆總隊長（右）兩個人合照。

一定是搞錯了！」學姊離開又折返，若無其事地把她們的名字念完，原來只是漏掉了，哭的人都白哭了。幾番波折，女孩們終於通過這一關考驗。儀隊訓練這麼「不平凡」，有些家長看了難免會心疼。四十屆的陳冠綾，自小就志願加入儀隊，一開始的練習，她就非常非常開心投入，反倒是爸媽覺得練習太累了，問她能不能退出。這時，幸好學校有個至少必須參與前幾次練習的規定，她就以「不行，學校規定要練習」堅持到最後。其實那個規定也非硬性，有人嘗試過一次都不去，也從未受到處罰或關切，反過來，倒成了學生想加入時說服家長的好理由。陳冠綾的爸爸後來看到她這麼有心，還跟她弟弟說：「妳姐從小到大都是三分鐘熱度，這次大概堅持了有三個小時，不錯。」她從沒想過要退出，只怕練得不夠好，被學姊刷掉。

扎實的基礎練習，是北一女儀隊養成的最初試煉。立正、稍息、向左轉、向右轉或走路，這些大家都習以為常的小動作，她們必須練上幾個禮拜，調整姿勢、雕琢每一個角度、鍛鍊動作做到定點時的力道，多半時候，是枯燥又辛苦。楊教練曾說過，正是這樣扎實的基礎訓練，讓北一女儀隊後來能練更多花式技藝。

早期，都是楊教練自己帶各種訓練、自己喊口令；從儀隊二十幾屆開始，才轉由隊長學姊帶基本動作。楊教練也覺得這樣的訓練效果很好，放心繼續交給學姊帶。因而此後，北一女儀隊的「傳統」、學姊學妹的制度與傳承，日益形成慣例。

令人意外的是，由隊長學姊帶領的訓練，比起從前是愈來愈嚴格。不過更有趣的是，承擔了指導責任的隊長學姊，漸漸成為學妹們崇拜的對象。

三十九屆石宜巧和四十屆彭姿皓這對學姊妹就說，大家聊起隊長總是話匣子停不下來，「大家最崇拜的都是隊長學姊，學姊都是神一般的存在」。光是在路上遇到她們，就可以興奮很久，像是看到隊長學姊買個便當，就會心想，「哇，她也會出現在這裡」，或者有人去福利社碰到隊長學姊，回去就會炫耀說「我剛碰到誰」。

不知從何時開始，為了表示對待所有學妹都是公平無私，隊長學姊會與所有學妹保持一定距離，維持嚴肅的形象，甚至刻意表現得很兇，讓學妹不好輕易接近。學妹們一開始都很怕隊長學姊，甚至也有人因為怕挨罵，不敢去跟隊長學姊說她想退隊，因而才留下來的。

但相處稍微久了，她們都會知道學姊私底下也只是一般學生，也有可愛的一面，害怕學姊的心情不見了，迷戀學姊的心思不斷綻放開來。

許多人像四十三屆張心宇說的那樣，「不知道耶！就覺得隊長學姊們即使罵人，還是好可愛喔！這種心情……是談戀愛嗎？」她偷偷地說，當然還是會害怕，不過「隊長學姊有時也是支撐著我練習下去的動力！」

「儀隊隊長崇拜」成了北一女校園內特殊的美麗風景，自儀隊三十屆左右以降，日益成了普遍現象。隊長學姊，成了很多學妹留下來練儀隊的理由。

*「槍友」是指在後拋槍法中，互相拋接的搭檔，為了培養出彼此默契，通常分隊位置確定時，槍友就會固定下來，彼此常以「槍友」來稱呼對方。

儀隊練習結束，都會在光復樓前的大樹下集合。楊教練總會在此時提點注意事項。

小木槍時代

木槍，它比表演槍輕些，是儀隊隊員最菜鳥期的練習槍，它可是陪伴著什麼都不會的隊員們，不斷地摔啊跌的，是大家最親密的戰友。因此，後期有人開始叫它「小木槍」，是一種親暱稱呼，漸漸地才成了通稱；而練小木槍的那段日子，也有人說是小木槍時代。

通過了前面好幾週的辛苦練習，小高一們終於被允許拿起一把小木槍，握在手裡扎扎實實地，意味著熬過了辛苦的第一關卡，將朝第二關卡邁進，離正式的儀隊隊員又更近了一點點。

一開始，拿木槍學的是持槍基本動作，以及基礎槍法。其中有個「撩槍」動作，單手持槍向兩側伸直手臂，由下往上舉，共有五拍。但練習時最辛苦的是，為了鍛鍊大家的臂力，隊長常會要求在每一拍停住撐著。四十三屆吳悠、黃詩嘉提到，練習時隊長會要她們在四十五度、九十度等各個角度，各撐一分鐘，有的隊長還會一個個去調整角度，因為撐得實在太久，手開始抖，趁隊長沒注意時，大家就會開始扭來扭去，隊長看到還會喝斥「不要抖來抖去噢！」

另外一個讓人印象深刻的苦功課，是學「置槍」。置槍，指的是把槍放置在地上，早期許多用槍排圖形的動作都會用到，它聽來不難，做起來可不容易。標準的置槍動作，要求左腿蹲、右膝跪地，講究節奏感、要俐落，既要講究美感，又要調整到大家整齊劃一，這一練習下來，起立、跪下、起立、跪下，不下數十次。接下來一個禮拜，在校園中走路一跛一跛的啦、右膝蓋瘀青成一團的啦，不用問，遠遠一看就知道她是高一儀隊。

經過那次之後，練習還是總要右膝跪，但跛腳或右膝青腫的情形變少了。訣竅是，只要技巧性輕碰地面就好，不需要

小高一正專心聽著學姊訓話。

隊長檢查貼壁動作是否確實，看看她們有沒有將後腦勺、肩胛骨、腰、臀、腳跟等部位，緊緊貼在牆壁上。

說跪就硬生生大力磕下去。再者，更有一部分的人說，剛開始練習時，總會有種「誰黑青比較大塊、誰就比較認真」的較勁，那還真是屬於十六歲的傻氣和執著。

正式訓練開始之後，隊長學姊會要求大家「貼壁」。從前，楊教練只要求隊長與旗官要練貼壁，為了讓走在隊伍前面的她們身姿更挺拔好看。後來，一般隊員也開始做貼壁訓練，才變成所有儀隊隊員都要貼壁，流傳下來變成傳統。貼壁需要全身出力，將後腦勺、肩胛骨、腰、臀、腳跟等部位，緊緊貼在牆壁上。不僅許多人貼十幾二十分鐘就汗流浹背，而且，腰也要貼到牆上，有那麼點困難，青春少女腰部有曲線，需要更費勁，才能完全靠到牆壁上。其實，早期沒有腰部須完全貼牆的要求，「腰怎麼可能貼在牆上？我們當年腰可都是很細的。」這連二十屆的一分隊長劉寶新都很納悶。

但是，到了二十一屆的白槍夏國安，就清楚記得背都要貼到，當時還有貼壁口訣：「眼觀鼻鼻觀心，收下巴縮小腹，中指貼裙縫。肩膀要打開，眼睛看前方。」

不管隊員貼得好不好，隊長學姊都會來幫忙，比如說會來壓她的肚子，用手去摸隊員的背跟牆壁有沒有密合，然後用非常醜的姿勢，前後蹲馬步，將人往牆上推。

三十九屆陳雅惠說，學姊會喝斥「連縮小腹都不會是不是？幫妳調整，還會反彈啊。」有些人沒辦法縮小腹，學姊便很用力地推她，有一次，一位隊員拿教室門當牆壁貼，學姊一推，門撞開，她就跌得人仰馬翻，全部的人都傻眼，學姊也傻眼。

但學姊來幫忙調整姿勢，竟變成某些人期待的事情。四十三屆張心宇說，貼壁很累，「但因為學姊們會伸出手調整你的臉、肩膀和腰，覺得被學姊碰到很開心，讓人更想努力。」

四十屆陳冠綾也提到，有一次很驚悚，

隊長學姊正在驗收預備隊員的學習成果，氣氛相當嚴肅。

有位隊友貼壁一直昏倒，整個人癱軟往旁邊倒下，大家急忙扶起，她又繼續貼，大概倒了三四次，隊友被她嚇到不行，一直衝過來扶她。那天學姊不在，沒人可以求救，又不敢擅自停下來，直到隊長學姊回來後發現，才將她扶到旁邊休息。後來還有一位隊友也發生過類似的情況，沒想到她事後還說：「學姊香香的。」眾人聽了心想：「這什麼鬼，真的很變態！」

即便當年人人都吶喊著貼壁練習有多辛苦，回憶起來卻是這麼難忘的一環。

另外，最辛苦的訓練是在暑假。從基礎到進階的槍法和動作，都必須在這兩個月內熟練，熱天底下練習個一上午或一下午，一個禮拜連續練個五六次，是一定少不了的。酷暑，是訓練體力與耐力的好機會，剛開始的時候總會有人體力不支，中暑、頭暈，或就直接昏倒了。

四十三屆的黃詩嘉，回憶那時每天上午自主練習完，綠制服總是被汗水浸濕，又在暖風中，風乾成一片白色結晶。中午休息，她們便會把綠制服換下來洗一洗、晾起來。豔陽下不一會兒就乾了，下午再換上繼續練習。

三十九屆的林揚翼記得，有一次她身體不舒服，幾乎要暈倒了，被一位隊長學姊扶進保健室。隊長學姊幫她登記資料，讓她在保健室休息。醒來以後，她第一件事情是問保健室阿姨，那張登記資料表，可不可以讓她影印一份，因為上面有學姊幫她寫的名字。保健室阿姨聽完笑著說，這件事平時是不可以的，因為上頭有別人的資料，但阿姨能了解她的心情，就讓她影印了。

隨著日子一天天過去，女孩們昏倒的情況漸漸減少，許多人都說，練過儀隊最受用的一個好處，就是身體健康了；有的人自小體弱多病，也因為撐過這一段訓練，除了許多病根；也有人說，畢業後十幾年，能在生活中比別人更精力充沛打拚，多虧了當時打下的基礎。

每每到大家曬得又熱又累的時候，楊教練就會鼓勵她們，「我看過那麼多次國慶，大家都那樣站著，別的學校會倒、三軍儀隊會倒，就妳們北一女的不會倒。」撐下去，拚的不是別的，就只是那一股想要做到最好的勁兒，他說他最欣賞這群女孩子的——就是這股勁兒。

練「轉槍」的時候，苦日子就算是過去了大半。大部分能留下來的隊員，都喜歡轉槍；不管是原本就覺得儀隊很帥、很強，很希望加入儀隊的，或者單純是被選進來，不知不覺就過關斬將。剛開始，兩轉、五轉、十轉，再到二十轉，是自我挑戰，這讓人覺得有點成就感了，開始有人是下課就在教室裡拿著雨傘轉起來；打掃時間，一面掃著地，一面拿著掃把也轉起來，大家得了一個什麼都能轉的癮頭，愈練愈得心應手。而後，只要掌握住技巧，連續幾十轉都沒有問題，臂力練起來後，動輒一兩百轉的大有人在。轉槍，讓她們覺得有趣極了，練儀隊不再只是辛苦的體力訓練而已。

大家都會轉槍以後，接著就是團隊合作，練的是團隊整齊度，要學會配合彼此速度和角度。也因此除了例行訓練，她們有時會三三兩兩約了自動加練，有時是一整群的去，到了操場還會和其他人不期而遇。自主練習不比大隊練習嚴肅，練習的空檔，天南地北地聊，默契也愈來愈好，練完後再一起去找好吃的慰勞一下自己，整日的疲憊就全消了。有的人說，她本來沒有一定要待在儀隊的，但為了這群朋友，她想待下來。

經過這一連串自我挑戰和團隊合作，她們已經更能明白自己加入儀隊的價值，這是一個里程碑。不過，這時的她們，還不是正式的儀隊隊員，平均每一屆預備隊員必須要經過三到四次驗收，通過層層考驗，才會被編入正式的隊伍中，成為正式的儀隊隊員。

Coach Yang | 03

槍，要當作生命看待

儀隊裡頭，有著一些與槍相關的規矩。早先這些規矩不成文，是在歷屆學姊們不小心做了某些舉動，楊教練出口提醒後，一代代流傳才記下來的。

那一年，十五屆的隊員們聽到這句話，「槍是軍人的生命，怎麼可以在地上拖！」王如玄說，她們每次練習結束，因為很疲憊，要把槍放回去時，槍就拖在路上走，這時候楊教練就會用這句話來告誡她們。

她們原本只把槍當成練習或表演的工具，楊教練讓他們感受到其中的生命

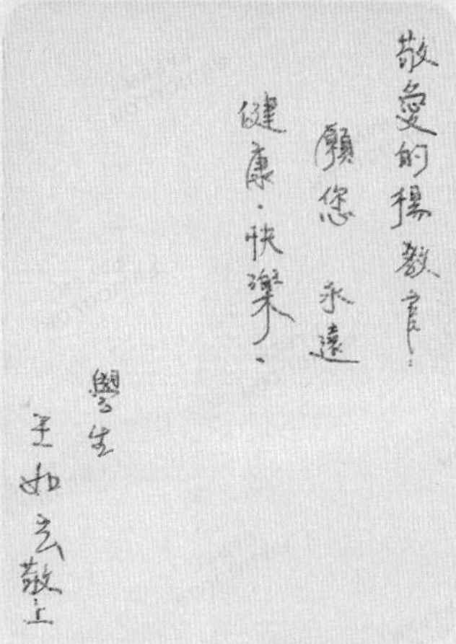
敬愛的楊教官
願您永遠
健康．快樂
學生
王如玄敬上

隊員們都會將自己與教練的合影送給教練留念。圖為王如玄與楊教練。

每一位隊員，都很珍惜她們的槍，發現有損
壞就會小心翼翼地維修。

槍室裡放著楊教練的照片。
他，一直都陪著大家。

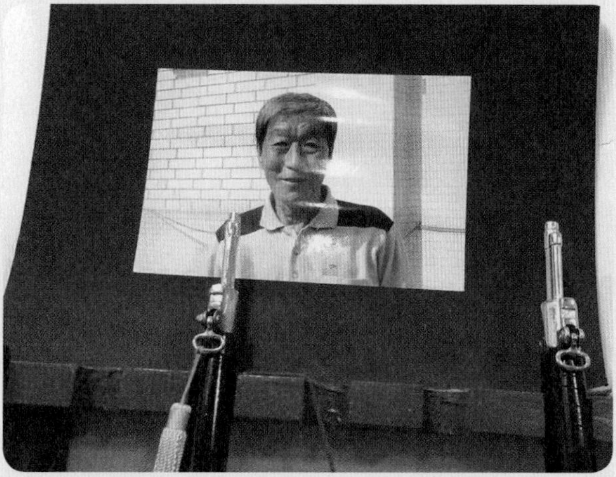

意涵。在王如玄看來，「尊重自己、尊重自己的工作，包含工作使用的工具，都應該給它一份尊重。那個態度、精神和價值會深入心中，變成生命哲學的一部分。」

後來，當學妹們拿到木槍，學姊們漸漸會提醒這些與儀槍相關的規矩，像是休息時槍不能亂放、不能跨槍，當然還有不能把槍拖在地上等。後來還有衍生的規矩，像是不能給非儀隊的人碰槍，黑槍、白槍不該碰彼此的槍，愈來愈完整，才日益成了固定規範。

北一女儀隊秉持著尊重傳統的精神，將這些規矩傳承至今。有些規矩，也許最後已不知起由，不過，她們相信那些都是歷屆學姊們有所體悟，而後傳下來的。

黑槍・最美麗的眾人

當人們朝著隊伍看去，會望見儀隊美麗畫面的主體；她們極有默契，讓大家看到的是一個整體，而不是特出的每一個人，那就是所謂「黑槍」隊員。黑槍肩負著儀隊非常重要的使命，演出時間是全場最久，更在走圖、排圖時得一面轉槍、拋槍，展現北一女儀隊最華麗繁盛的隊形變化，她們是最美麗的眾人。

通常會在練習木槍三到四個月之後，進行最後一次總驗收。總驗收來臨之前，最是大家緊張的時刻。那些從立正、轉身或貼壁開始的所有練習，充盈了高一生活的每一分回憶，終於要來到這一刻。練到這個階段，每一個人都付出了很多心力，也開始在儀隊中交到幾個貼心朋友，沒有人想要被淘汰，也不希望自己的好姐妹退出。

綠園中，幾乎只要到午休、下課，就可以看到她們衝到活動中心拿了木槍，到操場報到。其實，正式隊員的選拔早已悄悄展開。從小高一練習木槍開始，學校的教官、楊教練或高二學姊們就默默觀察，除了要看學槍法快不快，槍法穩定度夠不夠，更要看誰的紀律好，不常遲到早退、不會任意請假，並且與同

上圖｜黑槍隊員個個整齊劃一的動作，成就儀隊整體的美麗。

下圖｜驗收是最緊張的時刻，已熟練的動作都有可能失常。

黑槍隊員都是一排排約練習，有著革命情感。

學感情融洽，願意互相幫助。總驗收就像期末考，有一個成績，但不是代表全部。

總驗收也是為小高一舉辦的一場儀式，或說給她們的一個洗禮。有的人平時練得好好的，一緊張就不小心失誤了、掉槍了；驗收就是要顯現得很威嚴神聖又浩大，訓練她們的抗壓性，以使將來能有面對大場面的從容。通過最後一次驗收的，就能被分配到一個正式的「分隊位置」，自此成為正式的儀隊隊員。

黑槍隊員選出來了，依據身高與槍法，分配到某個分隊，第某排，第某個。一旦分隊位置定下來，當屆那個位置就唯獨屬於那個人的，即使有人退隊，也不再遞補，只要成為正式隊員，她的位置無人可以取代。從這一刻，第幾分隊、第幾排、第幾個，將串連起她在儀隊的一切未來。

黑槍隊員的活動開始以隊為單位、以排為單位。每一個分隊有一位分隊長，每一排都有一個排頭和排尾。大隊練習時，就由自己的分隊長帶著分隊練習；每一排的自主練習，則通常由排頭負責敦促和喊口令，排尾協助排頭，同時因站在最後，也要幫忙一整排標齊動作。有的分隊之間，開始傳起了「隊誌」，像交換日記那樣，自由分享並不強制。大家輪流傳寫隊誌，抒發心得，有時講講遇到的困難、有時記記練習時爆笑的事，都很枝微末節細碎的小事，一點一滴卻都成為高中生活最豐富的養分。有的排也寫「排誌」，一排才三至六個人，輪著、輪著很快就會輪到，她們都會記得排誌滯留在誰那裡好久，許多年後還拿出來取笑。槍友，也會有「槍友誌」，兩人因為長期練習培養出默契，往往會成為無話不說的好友，槍友誌據說藏著兩人不外流的祕密心事。

屬於同一個分隊位置的上屆學姊和下屆學妹，也將是她最親密的人們。通常選上黑槍之後，還會有一段時間，由自己位置的學姊來指導，所以有幾屆發展出「認學妹」的活動，就是在總驗收那天結束之後，親自去跟同個位置的學妹說說話、寫張小紙條給她，或有些人會交換禮物。其實不管是什麼，都是種情感的表達方式。

學姊對待學妹，身兼指導與關懷的角色，練習時因為求好心切，一定對學妹嚴格要求，不過私底下交流，更會給予溫暖鼓勵。許多儀隊人，都相當珍惜這份學姊妹情誼，上下屆之間，往往可以維持長遠的友誼。因此，後來同一個位置聚會，變成了一屆邀一屆、一代找一代，同桌吃飯的學姊妹，甚至可以是上下橫跨十幾屆以上的，她們稱之為「代飯」。

到了交接那一刻，槍的薪傳，是學姊對學妹的祝福和囑託。早期，儀隊的表演槍都由學校統一管理，大家不能把槍帶走，平時也沒有固定的用槍。由於每一把槍的手感有些微的不同，後來大家養成了固定拿同一把槍的習慣。高二一整年，大大小小的出隊，都有那把表演槍跟在身邊，有時不小心哪裡碰壞了，就親自拿起黑色或透明膠帶纏纏補補。

嚴重的時候槍頭掉了，膠帶固定不住，二十七屆的楊厚儀就說，隊友教她用鋁片修槍，休息時就去投操場自動販賣機，將飲料喝完後剪下一塊鋁片，當作支架固定槍頭。這樣一把充滿革命情感的親密戰友，到交接時不捨得它下落不明，就交給了自己分隊位置的學妹。到了不知道哪一屆，有人因為想把自己的槍帶回家，問過學校之後，知道可以繳交槍的款項，以做下一屆補購之用，大家就同意帶走自己的革命戰友，統一繳錢幫下一屆買新槍，並且由學姊幫自己的學妹選槍號，噴上亮閃閃的新槍號後，就是送給學妹獨一無二的禮物。

從出小隊開始、到有機會出大隊，再到最後一次出隊，日子彷彿很慢，又很快。

黑槍的人數眾多，全盛時期將近一百個人，有些小場地的表演，沒辦法全部上場，教練和學姊就會挑著人輪流上，讓大家漸漸習慣表演場面。大家都很珍

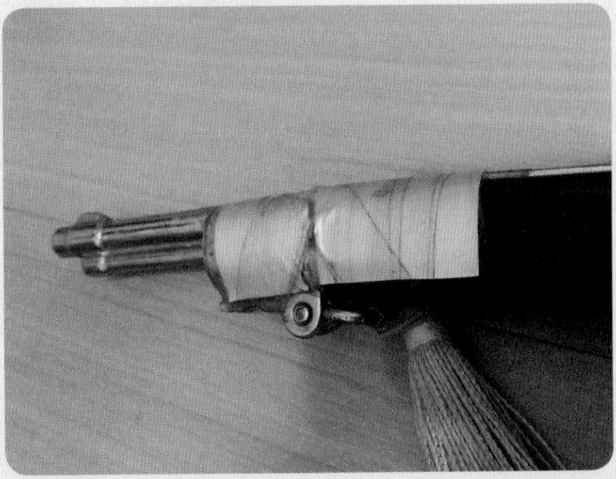

槍頭掉了，膠帶修不好時，投一罐飲料，喝完，剪一塊鋁片補強。

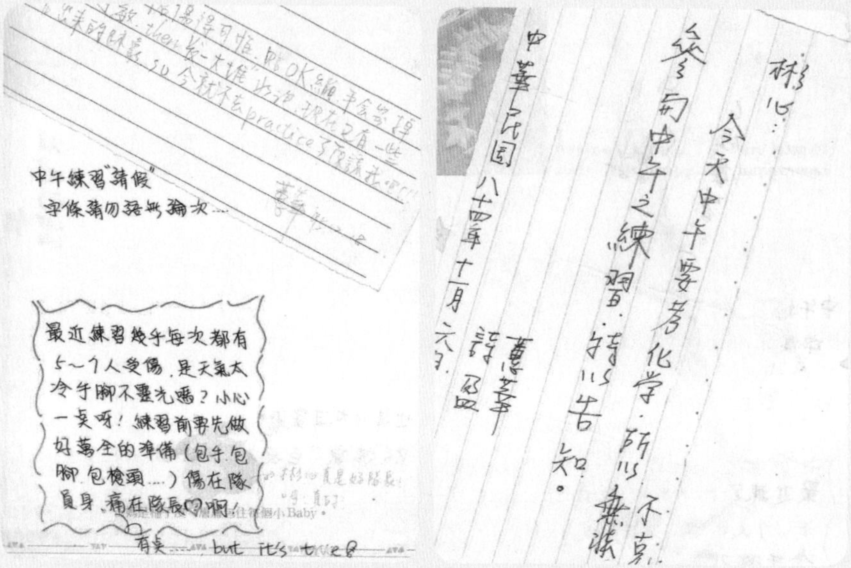

恭喜妳成為北一女儀隊第 39 屆正式隊員，自此至民國 92 年 6 月交接以前，以能克盡對此團體的責任為榮，今後無論任何練習與活動，將盡我所能，絕不退縮；並秉持榮譽、紀律、責任之原則，互相扶持，彼此勉勵，若有不能克盡之處，願以校規處分。

儀隊隊員 石宜巧

上圖｜32 屆隊誌。大家會分享生活點滴，連請假字條都會貼在上頭留念。

下圖｜隊長學姊製作的正式隊員證書，隊員簽上名即代表著對儀隊會盡責。

惜這種「出小隊」的機會，在一開始還沒有那麼多表演機會時，覺得能有任何一個機會，把自己最好的一面表現出來，就是非常榮耀的事。每個人都是拚命地練呀練的，但是彼此不太會競爭，如果有人先學會了，一定很願意分享。

準備出大隊更是這樣，大隊看的是整個場面，其中誰特別好都無濟於事，練不好的人通常是難過又自責，大夥就會趕緊想辦法幫助還不會的人。為了力求完美，偶爾也是有過誰怎麼少練習了一點、誰的槍常常標不齊這一類矛盾和計較。在那段說長不長、說短不短的儀隊生涯裡，日子可以過得很單純、很盡力，一群人就為了同一個目標奮鬥。吃吃喝喝，打打鬧鬧，練槍、再練槍，有時候累得直接躺在操場上，日復一日，直到最後一次出隊。

曾有一位學姊對她的學妹說：「槍法都是會忘記的，到最後留下來的，是朋友。」學妹不信，心想，「那些動作一天天地練習，已經操作過不下千百次，熟悉到不需要思考都做得出來！」但多年以後，證明學姊的話是對的，留下來的，是朋友。

拋槍給槍友，停在半空中的黑槍整齊劃一。

Coach Yang｜04

隊形是華麗而流動的煙花

行雲流水的變化，甫才勾出一盞美麗，隨即又拉開餘韻悠長，俐落的旋槍在風中開綻，飄逸的轉身讓意韻飛揚，凝聚在幾分鐘隊形變化之內的，是清脆的金屬敲擊聲、是步伐踩踏大地的鼓音、是幻化萬千的華麗動態，宛如煙花，絢爛在那每一瞬間。

北一女儀隊的隊形變化，是楊教練一生鑽研的精髓，每一次表演都是他的作品。他是一位藝術家，如果說臺灣學生儀隊可以除卻實用功能，純粹以力與美的角度鑑賞，楊教練竭盡心思的創作，必然是開了此道之先河，功不可沒。

由楊教練親自指導多年的戴鴻堯教練與鄭顒灃教練，對於楊教練在隊形藝術上的用心與成就，都相當敬佩。他們坦言，有些機密難以言傳。基本的槍法與隊形變化，大家都可以做到差不多的模樣，怎麼樣活用槍法以達到最佳的視覺效果，就看教練如何巧妙安排。

楊教練的空間概念與動態邏輯，總是相當令學生佩服。二十六屆三分隊長楊可玉就說，楊教練排練隊形時，總這裡拉過幾個，那裡穿過幾排，明明大家同在一個平面，經他搓來揉去，站上高處看來就是一個特殊圖形，接著再把大家轉過來、轉過去，又巧妙恢復原狀。

表演從高處看去，像極了有一雙指揮家巧手現場比畫、像魔術師輕點施下了魔法，隊形流轉間，移動的隊伍帶動著全場視覺焦點，拉出優美的曲線，在觀眾目不暇給時，精巧來個大轉身，白色百褶短裙張開成花朵。每次，為求俐落與力道，裙子也必須跟著在轉身時「啪」地一轉，因此，楊教練都會提醒要「飛起來、飛起來」，快速而穩定的大轉身讓短裙飛起來，青春活力飛起來，如美麗的煙花那一瞬間開綻。

十二屆的孔令芬說，楊教練全憑一心，不靠任何筆記或圖表，驚嘆他是一位深藏不露的 3D 立體藝術創作家。

其實，學生們多半不知道，楊教練事先有畫好設計圖，不過那也只是幾張簡單的方格稿紙，動態的精妙確實全憑一心。

二十三屆的張永佳說，他會告訴每一個人，從這邊走過來、從那邊走過去，跟誰對齊，各個擊破。

楊教練的隊形安排永遠是以隊員之間的相對位置作基準點，因此即便表演場地換了、或有誤差，只要找到中心位置，基本上隊形就不會偏差，永遠能完美適應各種大小場地。

楊教練出身軍旅，沒有人知道他是否受過音樂訓練。但楊可玉說，他最佩服楊教練的韻律感，「我從來沒問過楊教練識不識得五線譜，但他似乎擁有敏銳聽覺。」楊教練總能夠讓她們在最適當的樂句，來個踏步立定、槍托頓地，達

隊員在行進中即同時畫出美麗圖形。

到最佳視聽效果。

儀隊與樂隊平常都是各自練習，儀隊的節奏感就靠放音樂或數拍子。直到每次大表演前，兩隊才會集合「合圖」，讓儀隊隊形與樂隊演奏互相搭配。

楊教練與北一女樂隊的創隊教練畢學富是長年的好搭檔，即使兩人個性一溫一火、一靜一動，兩人所帶的隊伍總能在音律、隊形上搭配得渾然天成。

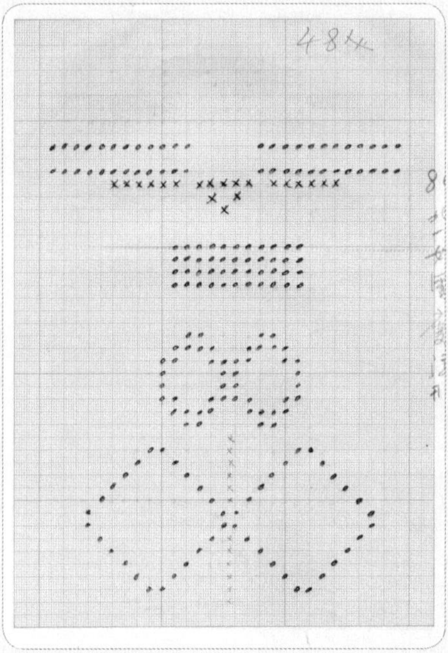

楊教練的珍貴手稿。

護旗／白槍・向天際的視線

走在儀隊最前方，掌著數支大旗的兩列隊伍，是儀隊的門面。她們必須齊步並肩，穩踏每一個步伐，她們代表的不是個人，是她所掌的那支旗，是代表整個隊伍、代表北一女、代表臺北市、代表國家。早期，大家通常將這兩列掌旗隊伍合稱為「旗隊」。它由三到五位掌旗手和十數位不等的護旗手所組成。掌旗手走在中間，護旗手走在兩邊和第二排。那時，護旗手都仍拿著跟大家一樣的黑槍表演，不過楊教練為了讓旗隊陣容壯盛，加上護旗手人少，槍法變化能有更多彈性，練著就練成了許多較高難度的槍法，成了一支特技槍隊。到了儀隊二十屆，為了讓整場表演更加華麗，學校特地訂製了白色表演槍供護旗手使用，從此，「白槍」成了表演特技槍法的護旗手專稱，大家也就更習慣稱掌旗為「旗官」了。

一出手就讓人驚呼連連的白槍，號稱是北一女儀隊的特技團，最初的起源居然只是個意外。據說很久很久之前，當護旗還拿著黑槍的年代，護旗手只需要以最基本的托槍姿勢走在掌旗官左右，動作很基本又單一。楊教練想想，怕她們無聊，便想了幾個新槍法讓她們把玩著練一練，一開始掌旗官也一塊練，「玩兒嘛！」他說。大家練得很起勁，也沒有壓力，玩著玩著竟演變成了「特技槍」。於是，後來便成了正式編制的特技槍隊。

白槍，由於所學的槍法難度高，危險性也相應增高，需要由在練槍上領悟性特別高的隊員擔任。相對地，由於白槍炫技槍法的安排多是個人秀性質，也為了安全考量，隊形變化會比黑槍單純許多。教練與學姊們就在每次練習時，默默觀察合適特質的隊員。而後，到了總驗收的場合，所有隊員都會一排一排被叫出來驗收槍法，有的可以比較早回到隊伍中，有的會被叫出來重複多做幾次，在前面驗收的教練一如往常認真，學妹們的表情則一貫非常嚴肅，讓她們非常緊張，擔憂自己是不是哪裡沒有做好。幾番下來，教練與學姊們開始竊竊私語，好像開起了小會議。最後，幾個人被拉出來，從那時起，熟悉的隊伍之中沒有了她們的位置，她們不再屬於哪個分隊，不再跟哪一排共同進退，告別了前後左右四個隊友，走出來，她們就成了白槍。

有了白槍穿插在大隊之中，北一女儀隊的花式槍法有了更華麗的變化。黑槍練「一轉半」時，白槍就練「兩轉半」；黑槍練「兩轉半」時，白槍就練「三轉

宗才怡（後排右一）是第一屆護旗。

上圖、右圖｜白槍炫技槍法，一出手就讓人驚呼連連。
左圖｜白槍護旗，走在旗官兩旁。

半」，練的是高度以及準度；最多，有幾屆練到「四轉」，在北一女老教室前，看上去差不多兩層樓高；力道要夠大、夠穩，要拋直線控制方向，讓槍在一個水平面上轉，直直往高處去、直直落回手中。招牌的幾式槍法，有叫「高拋」、「大拋」；還有「一號槍」、「二號槍」、「三號槍」，說這幾個號碼是白槍專屬；還有個美名叫「天使拋」的，是白槍的對拋槍法；有的沒名字，就說「這樣這樣、那樣那樣」用手比畫。

一開始練習這些較高難度的拋接槍，最難克服的還是那顆恐懼的心。剛開始，多的是槍一拋，人就跑了，閃得遠遠的，看著槍落地。小木槍禁不起折騰，滿身是傷，這時白槍們就得拿起膠帶，既懊悔又疼惜地把它纏了又纏。楊教練看不過去，他就常跟第十屆護旗馮燕她們

開玩笑說，「都是妳害槍掉地上，槍不會害妳啦！」或是「槍不會咬你啦！」慢慢地，稍微接得住槍的次數多了一點，但大家滿臉恐懼的凝重表情還是一點都沒變，「要笑、要笑，誰欠你錢啊！」聽到楊教練這麼說，大家又真心笑了。

不過，三十三屆的胡玲瑄與四十二屆的王渟的經驗就不同，有了樂儀旗比賽後，為了比賽，白槍槍法的難度愈來愈高。白槍學姊會教她們先練拋，感受力道與速度，熟練了才練接槍。

白槍還有一個最重要的任務，她們得嘗試做出全新槍法。楊教練最喜歡發明新槍法，每次想到，就會走過來說：「來來來，我跟妳講，我想到一個好方法……」拿了其中一人的槍，在手上比

楊教練常提醒大家「要笑、要笑」。

為了追求完美劃一，每次出隊前都還要練習好多次。

畫比畫「就這樣這樣再這樣」，她們也很厲害，楊教練這麼一說就懂了，練了幾下便能自己做出來。教練一看做得成，馬上召集大隊集合，說：「來，我們今天學一個新槍法！」

「我們那一屆發明了一個『什麼什麼槍』，要『這樣那樣』，但聽說後來幾屆學妹練不起來，就失傳了。」一種槍法，要整個隊伍都練得起來才會採用，因此有些真的就失傳了。但失傳了一些舊槍法，楊教練也會再發明一些新槍法；每一屆白槍，都有她們拿手的大絕招；白槍這個「槍法研發小組」的任務，成了她們畢生難忘的珍貴回憶。

Coach Yang｜05

北儀獨家槍法

那年十二屆的胡毋意製作紀錄片時，曾問過楊教練，「軍儀和學儀，有什麼不同？」

楊教練笑了笑，嘴角掛著一絲神祕，稍稍地透露，「軍儀拿的槍，重六點五公斤，還上刺刀，長一米三，女生哪耍得動？」

這一問，倒點醒了胡毋意，儀隊大男生要展現的陽剛帥氣，和高中女生所展現的青春活力，當然不一樣。

楊教練悉心思考過，由於客觀條件的不同，「女孩兒練槍要使巧勁，不是用蠻力，要看起來輕巧。」學生儀隊女孩子要表現的絕非軍儀的氣宇軒昂，而是需要靠講究技巧、細節，展現青春少女的活力飛揚，剛中有柔、柔裡帶剛，來達成豐富的視覺效果。

北一女儀隊的表演槍平均一點七到一點八公斤，而初學用的木槍更輕，等力量與技巧逐漸練出來以後，接著大家開始拿備槍練習，備槍大約重二點二公斤，是練臂力用的。也有人說，備槍的存在，是怕大家還不熟練，總是接不到槍，怕把新的表演槍摔壞了，所以會有一段使用過度期。

那年，十八屆彭伊文，就認識個師大附中男生，跑來問她說，能不能借北一女的槍耍耍，因為「聽說北一女的比較重」。實際上，學生儀隊用的槍，重量都不會相去太遠，但男生們就是很好奇北一女儀隊的槍。過去凡到國慶日，就會有憲兵進駐北一女，有個憲兵趁此機會，也跟北一女借槍來拿拿看，「我還以為是真槍」，才在想女生怎麼轉得動，拿了才知道是特別設計過的表演用槍。

顧及女生的體能與肌力，楊教練會用循序漸進的方式訓練學生們，先上肩立定，讓大家習慣槍的重量，然後才試著轉槍、拋槍。

為了讓大家不易受傷，楊教練還改良了轉槍的方式。男生腕力強可以用手腕來轉槍，但是女生腕力多半較弱，練習不慎就很容易受傷。因此，他教北一女的轉槍是以手肘作為軸心，手臂畫圓來施力，這樣可以用整隻手臂的力量來支撐槍的重量。

接著開始練習拋槍，除了臂力，膽量也很重要。剛開始大家心裡還是會害怕，槍拋上去後就躲開。他不會強求，「就讓她躲啊！」久了一點，身旁的人一個個學會了，還不會的人慢慢就能鼓起勇氣、伸出手來接槍。最讓楊教練讚賞的是，她們肯拚、肯練，帶得起來。教新槍法時，楊教練只要示範幾次，接下來就由學生自己練習，「她們做不好，自己就會很沮喪了。」不論教什麼她們都能拚命練好，在過程中，教練反而負責扮演幫她們打氣的角色。

這樣求好心切的徒弟，能與教練激盪出更多靈感。仔細觀察會發現，楊教練的表演安排，最講究槍法與隊形之間的流暢轉換，再加上北一女學生的特質，雖然都是女孩子，又比他帶過的其他學校學生，性格剛毅些，且能吃苦、肯勤練，因此快節奏的風格、擲地有聲的力道、錯落有致的拋槍就適合她們。例如，在圓形隊形時，最少十二人轉身換位並傳槍，就是一個北一女特色槍法，不僅需要高領悟力、主動反省修正，更要隊友之間練出默契。

那些年裡，楊教練與北一女學生，一起把這些獨門特色發揮到淋漓盡致。

練轉槍是很開心的事。

旗官・旗步並肩

旗官與護旗一樣是在總驗收時選拔出來。全隊身高最高的一群人，才有機會獲選為掌旗官，通常是在預備隊員時期第一分隊的成員。當然，身高不是唯一條件，重要的還有儀態、練習狀況與態度。同樣只有身高夠高才有選拔資格的，還有隊長。因此，愈接近總驗收的日子，大家心中難免有些猜測：第一分隊的誰誰誰，有沒有可能選為旗官或是隊長？那屬於一個未知的領域，既神祕而榮耀，令人嚮往，又讓人緊張。

「妳們是北一女儀隊的門面，妳們很重要。」楊教練第一句話，總會對新選出來的旗官們這麼說。

新旗官自選上的那一天起，就由旗官學姊帶領訓練，接下來的兩個月，她們要從零開始；在這天之前，預備隊員都是練槍，幾乎對掌旗這個任務一無所知，她們從那一刻才開始認識自己身為旗官的身分與職責，在短暫的時限內，就必須達到可以上大場面的水準。

左圖｜旗官的步伐必須一致。前方三位為高一旗官學妹，後面有五位旗官學姊緊盯著練習。

旗官的表演並不花俏，三十八屆國旗官林依亭的父親還曾好奇問過她：「不就是拿個旗子站在那邊，為什麼要練那麼久？」箇中辛苦與困難，連許多旗官也是在一天天的練習中，才漸漸體會。每當這種時候，想起楊教練那一句話，她們就曉得，楊教練必定明白這些不為人知的辛苦，內心受到很大的鼓勵。

從「出腳第一動」開始，旗官用最帥氣的起步吸引全場的目光，那一瞬間彷彿是向觀眾宣告「我們儀隊表演開始了」，一模一樣的踢腿高度、指向同一個方向的腳尖、再到震撼全場的步伐落地，是幾位旗官不下數千次的練習，講究熟練度、考驗默契，到最後她們甚至閉著眼睛都能踢出一模一樣的步伐。

北一女操場，從前是黃沙土地，後來鋪上

PU跑道，旗官練步的地方，永遠會留下她們的足跡；北一女為了減低跑道的耗損率，特在操場的一角鋪上更耐操的材質，供旗官練習。

踩著白筒高馬靴雙腿蹕蹕律動，同時，掌旗的雙手與上半身都必須不動如山。高有兩三公尺的大旗，在四季大風中，不曉得幾十斤重。日復一日地練習，她們要學會在任何風向中都能穩定平衡，十七歲的纖纖雙臂，有了狂風中也泰然若定的力道。

在不同的場合裡，旗官會代表整個隊伍向來賓敬禮；掌旗的右手往前伸直，讓旗向前傾斜四十五度，是為「下旗」，代表敬禮。例如，在位分高於「市」級的來賓或官員面前，市旗以降需要下旗；而在位分高於「校」級的來賓或長官面前，校旗以降需要下旗。只有國旗官，從來不需要下旗，國旗就代表國家，總統來到隊伍面前，也須向國旗敬禮。旗官們也因此必須訓練自己敏銳觀察場中的各種變化，如遊行之中，經過司令臺前時，或在檢閱之列、臨時有貴賓前來等，都必須下旗行禮；喊口令的是國旗官，口令一下達，幾支旗就要全部到位。

旗官最重要的表演動作，還有一個美麗的轉身。幾個人得維持著一列排面，

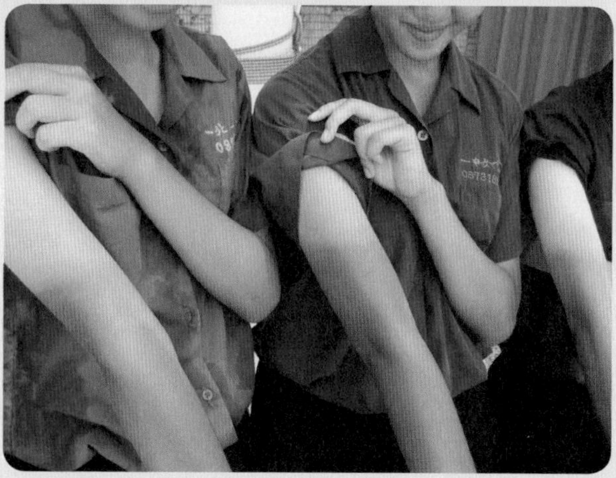

上圖｜掌旗的雙手與上半身都必須不動如山。
下圖｜太陽底下的練習，讓手臂都曬成兩截了。

向左轉或向右轉。彷彿以國旗官為圓心，愈外圍的人步伐必須愈大。最困難的挑戰，是整支旗隊一起轉身，旗官加上白槍，兩列十幾個人，要維持兩列平行線一起轉。問題是，靠中間的幾位旗官腿特別長，但招牌山字隊形最外側的白槍沒有那麼高，卻要跨最大步，而最內側的幾乎原地踏步。所以必須反覆練習才能培養出最佳默契。這是大隊表演的最後退場動作，應可稱得上最華麗的退場了。

就像剛當完兵的男孩，總會不小心在早上起床後下意識地把棉被摺成豆腐乾，旗官女孩們也有類似的情況，得了一種症狀叫做「好惱人又無法戒掉的自動對齊腳步成癮症」。旗官訓練，每天要對齊腳步繞操場十幾圈，日常走路時，也不自覺與身邊的同學對起了腳步，這個「症頭」如果遇到了幾位旗官走在一起，就更變本加厲，即使沒在練習，不用特別注意，大家步伐還是會不小心左腳對左腳、右腳對右腳，驚覺「啊！怎麼又來了！」最不可思議的是，此症竟然在畢業後可以持續個十幾二十年，就連上班趕捷運途中，或是三五好友逛街哈拉時，腳步都會不自覺去感受左右兩邊的步伐節奏默默地跟上。儘管有這惱人困擾，每當發生還是會心裡帶一絲微笑「噢，我想應該只有練過北一女儀隊才會這樣吧！」

比起黑槍、白槍或隊長，旗官沒有花俏華麗的炫技表演，少了高潮迭起博得歡呼的場面，但她們的表演大器樸實而美麗，都來自對這麼多小細節的堅持。旗官訓練往往都是幾位旗官自己管理，楊教練偶爾會來看看她們、給她們鼓勵，出隊之前白槍有幾次來搭配練練步伐，除此之外，好長好長的時間，都不會有人經過。四十五屆國旗官黃齡萱就戲稱她們自己是「沙漠中的仙人掌」，操場中大太陽底下一個角落，站著幾個綠制服，互相倚靠著相依為命，孤獨的她們，只要想起了那句「是北一女儀隊的門面」，就有力量繼續練下去。

旗官總在操場角落自主練習。

集合時，楊教練常會分享人生道理，濃濃鄉音
裡有著他對女孩們的關心。

Coach Yang | 06

最懂她們的堅強後盾

「楊教練完全懂得北一女學生的驕傲與自律。帶隊練習，他不會囉嗦叨念，表現不好的時候，也從來不會語帶責備。」二十六屆三分隊長楊可玉說。

年輕時的楊教練，比較嚴肅，偶爾也會罵人，但很多人都說看得出教練內心其實很柔軟。十七屆一分隊的楊嘉玲就想到，平常楊教練要求嚴格，文靜不多話，標準的軍人模樣，那屆選隊長的過程中，楊教練站得遠遠地，不參與決策，直到人選確定，許多人正在為了沒有當選而唏噓時，他又回到隊伍中，安慰她們說，「不是妳們沒有她漂亮……」她當下第一次感覺到，其實楊教練是細心的人。

平常練習結束時，楊教練會集合大家講話，他的鄉音很重，很多人一開始不全然聽得懂，但可以體會到教練的勉勵和關心，有時候教練還會舉些自己或學姊的小故事，跟她們說些人生道理。讓三十一屆王俞又印象深刻的是，有次教練說「妳們訓練好了以後，將來抱小孩每個都很有力，會是很強壯的媽媽」，她笑著說，相信那時候少女心中應該都沒有這樣想。但教練對她們的關懷，已

上圖｜楊教練永遠站在學生旁邊。
下圖｜即使下雨，楊教練仍陪著隊員繼續練習。

經想到了很久以後。

出隊時，若是遊行，楊教練一定會跟著隊伍走；若是定點表演，就一定在場邊看。三十五屆的戴士嫺就說，因為表演當中，常有跪在地上的動作，表演開始前，教練一定會先巡巡，看那場地有沒有石頭啊、釘子之類的，讓她們感覺不論怎麼樣，背後都有個楊教練護著她們。

楊可玉還說，二〇〇七年大隊聚時，她已經帶著自己的孩子去了，楊教練還記得她們每一個人，當時與教練合照完，教練照舊伸手摸摸她的頭，讓她想起了過往，「教練很體諒我們十幾歲年紀卻得承擔重任，學做少年老成的模樣，有時他會摸摸我們的頭，溫暖的笑容讓人知道背後還有一道堅強後盾。」那瞬間，她的心情彷彿又回到了十六七歲。

隊長‧從承擔的那一刻

儀隊隊長，她們總是站在隊伍最前，揮灑精湛的刀法，儀態端正挺拔，美麗又帥氣，讓人不注意到都難。

每年一到總驗收的時節，評選團教官與學姊都早有觀察。隊長選拔的第一個門檻就是身高，但除了身高之外，最看重的是練習態度、責任感與領導力，每一屆的隊長選拔都別有一番學問。有些時候，有的人會知道自己被列為可能的下一屆隊長人選，因為隊長學姊會到班上跟她的同學問問平常狀況，有的時候她會感覺到學姊對她特別嚴格，或者有時候，即使有不得已的苦衷，學姊還是暗示她總驗收當天一定要到。她們會希望未來隊長要以身作則，因此只要總驗收當天不到，很可能就不會被選為隊長了。

十八屆選隊長那天上午，陳世莉和同班同學也是儀隊成員的鄒開蓮等人，一起參加班上同學慶生會，玩得實在太開心了，幾位儀隊同學捨不得離開，眼看下午的儀隊練習時間就要到，還一度想「翹掉下午的練習好了」。

上圖｜美麗又帥氣的隊長，相當引人注目，連在中正紀念堂拍婚紗照的新人都想要跟她們合影。

下圖｜剛選上隊長時，要學著裝嚴肅建立威信。

隊員練習時，隊長學姊會站在最前方喊著口令。

後來，不曉得誰良心發現，大家趕回去練習。當天，陳世莉被選為三分隊長。幸好有回去，「不然，」陳世莉說，「差點就錯過了。」

總驗收時，隊長學姊或教練總是不會先宣布接下來要公布的是什麼位置的人選，只會說：「被點到的人站出來！」十八屆總隊長張迎真還記得，她們那時是「留在原地的人緊張，被叫到的人也緊張」，有時候會要她們來來回回地走路，有時候會要她們轉槍、做基本動作。站在前面的五位隊長學姊、楊教練或學校教官都睜大眼睛盯著，「被拍到肩膀的人，回去原來的位置上。」剩下的人更緊張了，人愈來愈少，終於，最後剩下的五個人被帶到一邊，私下說完話後又回到大隊面前，「從今天開始，她們就是妳們的隊長了。」

每一屆選隊長的過程略有不同，早期學校教官、校長較常參與並實質給予建議，由學姊帶學妹之後，則由全部隊長學姊討論並共同做決定。

五位新隊長就這樣誕生了。光榮的日子從此開始，辛苦的日子也不遑多讓。「我們都對著法院練習喊口令」，練口令要很大聲，用丹田的力量。因為表演時，口令要讓整支隊伍都聽得見，若是娟秀細語的話，大隊奏樂聲一下，口令必然是隱沒在樂音中了。

楊教練都會要她們站在北一女側門，面對著法院*練習，說是練膽量。「向右～看！」「禮畢～！」超級大聲。十七屆的總隊長詹美智、一分隊長崔麗心，十八屆的總隊長張迎真等人，都津津樂道這段往事。

站在側門練口令的習慣，學姊傳學妹，延續了幾十年，直到三十幾屆、四十幾屆的隊長，都對這件事印象深刻。三十六屆總隊長惠筠還強調，練口令是她們一天最後的練習，剛好法院上面有鐘，所以每次都會緊盯著指針，渴望回家的時間可以快點到來，結束長達八小時的隊長練習。

北一女那道面對法院的側門，幾十年來，仍維持只是簡單的柵門，隊長們的

隊長們在帶領大隊的重擔下互相扶持，有著革命情感。

聲音穿透力十足，彷彿要喊得對面辦公的人們都聽得到。不過，渾厚嗓音、低沉口令聲，一點也不像女校該傳出來的。早期對面還有站崗的憲兵，聽到都驚得轉過頭來看；有時天色已暗，外面經過的路人，沒看到裡頭一排隊長，更常常被她們突如其來的「吼聲」嚇到。

也許因為嗓音渾厚，每一個口令都有威嚴，十七、十八屆的隊員，都曾笑著

北一女側門外面即是法院，隊長必須站在這裡，用丹田大聲練習喊口令，同時訓練膽識。

說「隊長很兇」。隊員們有這個印象，讓隊長們很意外，詹美智、張迎真都反問：「真的啊？我當時有很兇嗎？」她們回想，可能因為重責在身，要求比較嚴格，才會給隊員這個印象。

早中期的儀隊隊長，並非有意「兇隊員」，而是一份責任感使然，在練習時的嚴格要求，讓隊員們肅然起敬。隊員們也都說，除了練習時間之外，大家都是好同學，打打鬧鬧不成問題。不過，到了三十屆前後，隊長們的威嚴，開始變成有意塑造的形象。當學妹被選為新任隊長，隊長學姊就會告訴她們，身為隊長，有哪些該注意的事、有哪些該遵守的規定，其中就包含要如何維持「儀隊隊長的形象」，並自這一刻起，展開「隊長訓練」。

隊長訓練短則兩週，長則三個月，對小隊長們而言，可說是地獄的試煉。因為，這段期間裡，隊長學姊會非常嚴格地要求她們，以備隊長學姊退休之時，小隊長們皆已有足夠的能力勝任。

練刀法、練儀態、練貼壁，從早到晚，她們的訓練一定比其他隊員來得嚴格辛苦。若當天有大隊練習，那麼大隊解散後，她們就必須留下來加練。

第一件事，學姊會要她們去買粗厚的工人手套和繃帶。小隊長們還不明究理，只乖乖照做。

三十四屆一分隊長陳祖睿，和三十九屆四分隊長查慧瑛，都不得已因為請假，錯過了前一兩天的練習。她們腦海中都可以想見，隊長訓練一定不輕鬆，剛開始練刀法，難保不會被打得大腿和手臂都是瘀青。不過，一到訓練場地，她們先是冒出大大的驚嘆號，幾個小隊長們，手套都是紅的，接著不禁疑惑，「為什麼她們手套都是紅的？」

親自練了之後才知道，原來用食指與中指鉤住的禮刀，在高速旋轉下產生的力道與熱度，會將手指磨出水泡、磨破皮。那樣高強度的訓練，即使纏了紗布、戴上手套還是會磨到出血。幾個人開始分享包紮和換藥心得，有難同當，感受特別深。

四十五屆的三位隊長——總隊長康庭瑀、一分隊長賈孟蓉、二分隊長胡芮萍，號稱史上最

隊長在高二尾聲將退役前，才會留下與高一小隊員開心合照的畫面。

相依為命的幾個隊長了。因為儀隊人數減少的關係，四十五屆就只有兩個分隊、三位隊長。在儀隊興衰存亡的關鍵時刻，她們的學姊——四十四屆的四位隊長，都覺得身上的擔子特別重，訓練她們非常嚴格。她們自己也深知北一女儀隊過往的榮譽與責任，都寄託在她們身上，絲毫不敢鬆懈。

有一次，總統府有抗議活動，北一女也在管制範圍內，必須全校淨空，四十五屆的小隊長們被迫得提早結束訓練。素日裡的練習，休息時間就只有少少的，每個段落各休息一分鐘。那日，為了趕在校園管制前完成所有訓練，連那幾分鐘休息時間都沒有，眼看著水在眼前也沒辦法喝，體力幾乎不支，但是想著練習即將結束，還是硬撐著。

她們被趕著離開校園後，來到重慶南路某家飲料店休息、喘口氣，終於放鬆了心情，太累、太辛苦的情緒一時湧上心頭，太想哭了，三個人躲到廁所，就哭了出來。哭了好一陣子，制服上的汗水都結成了鹽巴，不停擦著眼淚，又累又狼狽的。好不容易心情緩和了一點，三個人一起走出廁所，發現外面有一整排人在等著，看她們三個北一女一起出來，都驚訝地瞪大眼睛。

楊教練知道她們自我要求很高，有時候看了，真的會心疼地覺得，訓練強度可以降低一點。但這些訓練，她們不敢停也不能停，心中想法一個接著一個跑過，「外界是怎麼看北一女儀隊隊長的」、「多少年來學姊創造出來的光輝，怎麼能在我這裡黯淡下去」、「我們要站到的是多少人的面前」。有時候真的是累到忘了傷、忘了痛，只記得她們要做得比隊員更努力，北一女儀隊才會更好。

＊指今臺北市重慶南路上，建於一九二九年的司法大廈，過去曾為臺灣總督府高等法院、臺灣高等法院、臺灣臺北地方法院，現為中華民國司法院。

40 屆的國慶遊行時，39 屆的隊長們，依慣例穿上隊服幫學妹拿橫幅。拍照時，按照「輩分」，隊長學姊坐著，隊長學妹站在後頭。

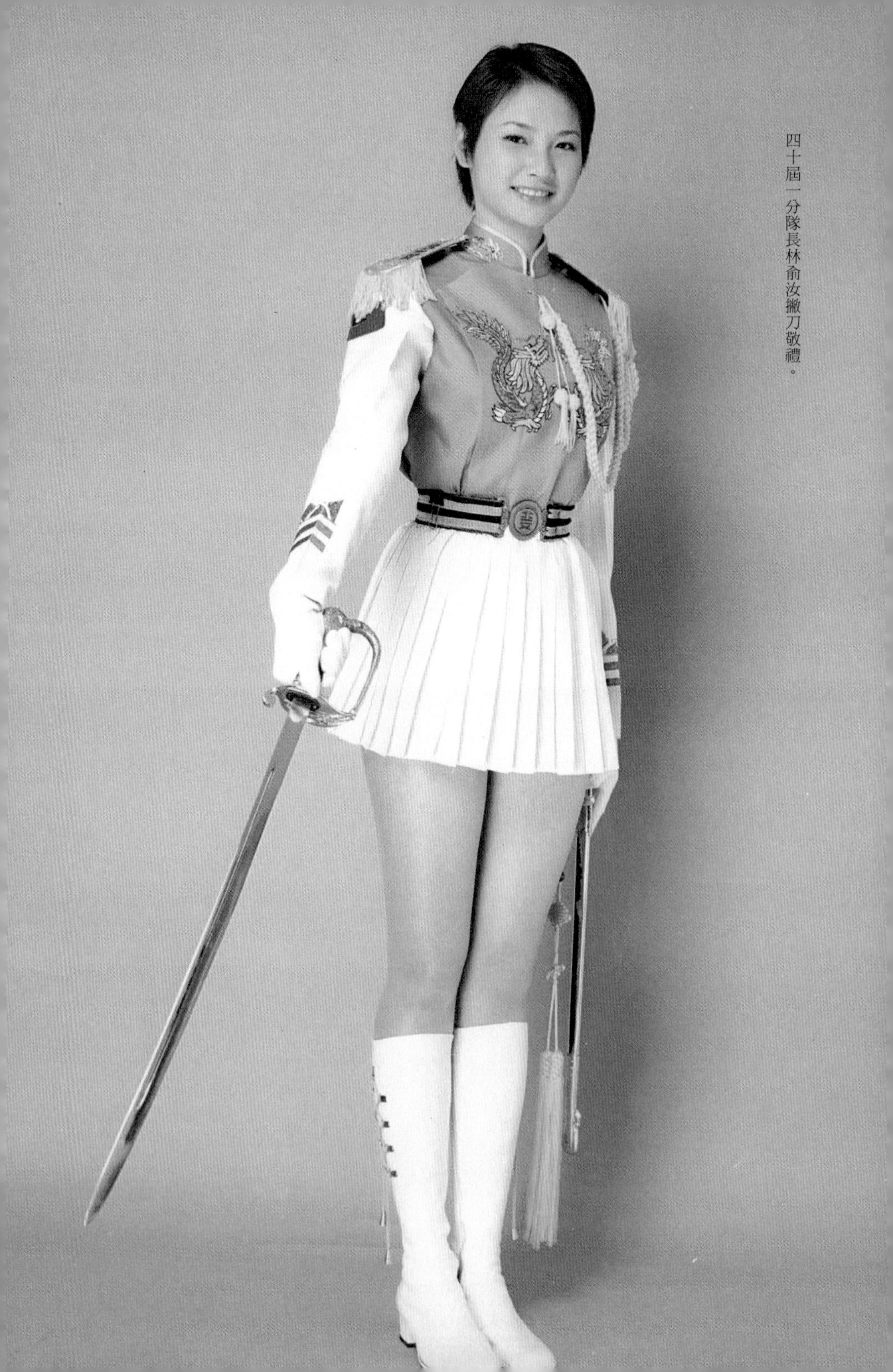

四十屆一分隊長林俞汝撇刀敬禮。

Coach Yang | 07

為爺爺泡的茶

楊教練從不會請人備水、備茶，她們自動端上的那杯茶，傳遞的是一份溫暖的心意。

幫教練泡茶，這個習慣不知起於何時、終於何月。有時，茶葉的費用早期是學校帶隊教官給的；後來，也有從大家繳交的隊費裡頭支出的，總之不是個始終如一的慣例，卻維持了許多年。

教練愛喝東方茶，她們都會記得教練喝什麼。二十七屆總隊長周瑤敏是到臺灣高等法院地下室福利社去買碧螺春，三十四屆一分隊長陳祖睿則說，教練喜歡喝香片，她們都會去買香片。這句喜歡香片，一傳就傳到了三十九屆，幾位隊長清楚記得，出北一女校門轉博愛路直走，到了衡陽路右轉，走過一兩家就是，買那家茶莊的香片。

每一屆人泡茶，有每一屆人體會，細瑣的互動，想起來都是親近而溫暖。二十七屆總隊長周瑤敏就說，那時候教練習慣在教官室休息，以前都是練習前先泡好茶放在教官室，等中間休息時給教練喝，「後來長大了才知道，那樣泡

曾經爺爺就是在這裡抽菸，喝著他的茶，講解
當天要練習的槍法和走圖。

法茶都苦澀了，但教練從來也沒抱怨過。」教練就是這樣一個溫和的長輩。

但楊教練可能不知道，在這一杯茶背後還有幾段小插曲。三十一屆總隊長蔡馥光記得，上一屆學姊跟她們說，小教練（戴鴻堯教練）有次看到茶杯洗得太乾淨，就跟她們說「泡茶的杯子，茶渣不用洗得太乾淨，那樣沒有茶香。」結果到了她們這屆，有次沒洗乾淨的茶杯，被樂隊畢學富教練的太太看到，罵了她們一頓，說杯子怎麼沒洗乾淨。從此之後她們都跟學妹說，要洗得很乾淨。

後來，也是這樣一個泡茶的小舉動，讓教練成了「爺爺」。以往大隊練習前，楊教練總會先躲到那棟日治建築光復樓後方——「綠園」，去解解菸癮。這時候，隊長們會聚在那兒，聽教練指示等一下的訓練重點。三十九屆一分隊長陳允文，每每遞過茶去的時候，總帶點撒嬌說「爺爺喝茶」、「爺爺不要抽菸了」，然後一面就接過教練手上的菸，把它給捻熄。就這樣勸著、勸著，將近七十歲的教練爺爺，在她們口中成真正的「爺爺」了。

CHAPTER 3

—北一女青春—

濃綠，淺綠，淡綠。

年少時的輕狂，像潑墨揮灑一樣，
恣意、狂傲、濃淡不一。

III

龍舞鳳鳴的隊服

剛穿上北一女儀隊制服那次，是許多人第一次感受到眾人對北一女儀隊欣羨欽佩的目光。

有人說，當時社會太少人穿迷你裙和馬靴，她領到制服第一天，就迫不及待穿上，美美地走回家，晚上巷子口安靜，白色馬靴踩在地上「叩叩叩」的聲音，引得鄰居都探頭出來，紛紛讚嘆她優秀又好看。有人說，有時大清早得出隊，教官要求眾人得穿好整套隊服到場集合，得此機會穿著儀隊制服從家中出發的女孩，搭公車時一路引起同車乘客矚目。也有人說，她當時住在眷村，上學得走過街頭巷尾，穿綠制服，已經很醒目，但出隊前，從家中穿著儀隊制服走出門，街坊鄰居一路給她鼓掌和加油，那才真是神氣。

這套大家眼中最熟悉的綠衣白裙，隨著北一女儀隊半世紀風華流轉，也有一段演變過程。

這套制服的設計，出自以排字藝術聞名的北一女退休美術老師——黃鈞老師。

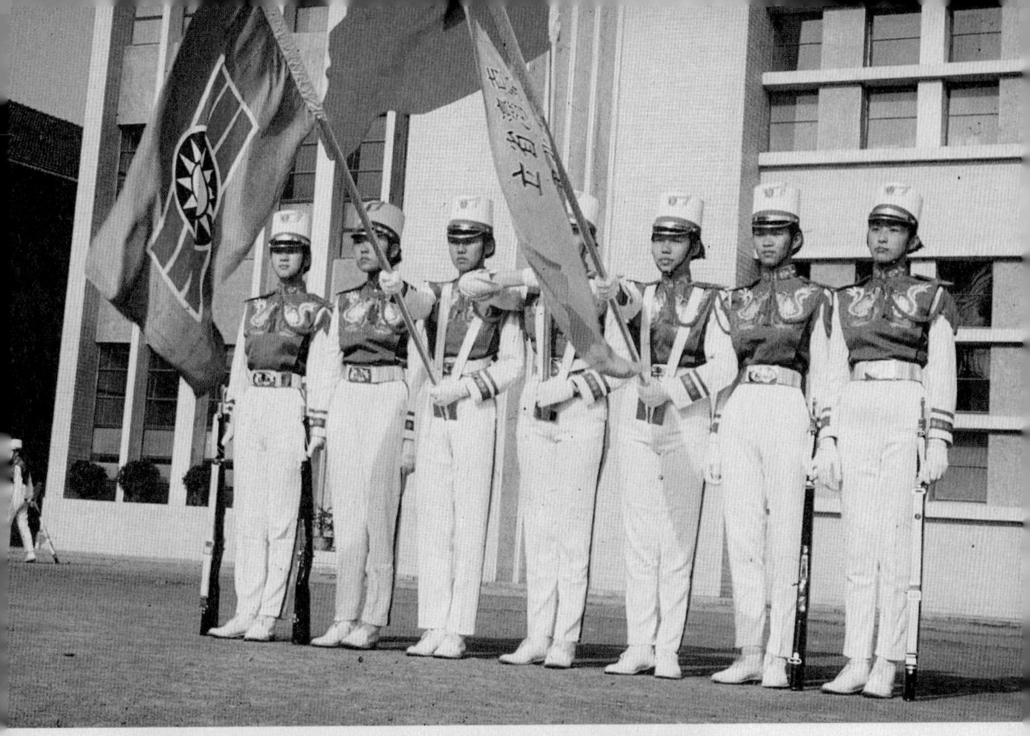

1至6屆的北儀隊員，下半身是搭配白長褲、白短靴。

北一女儀隊成立，江學珠校長特地委請黃鈞老師為儀隊設計一套制服。早先幾年，北一女樂隊已經成立，設計制服時，期許她們能在音樂上登峰造極，而

白短裙、胸前飾以排扣、綠色肩章與領子、帽冠上的黃流蘇，再配上長筒白馬靴，讓女孩顯得神氣！白色絲襪原是權宜之計，也跟著流傳下來。

取了「簫韶九成，鳳凰來儀」的典故，在樂隊制服繡上雙鳳。因而，設計儀隊制服時，想到與雙鳳搭配的就是雙龍。黃鈞老師提出了幾張設計圖，由江學珠校長選定。綠衣雙龍，於是成了北一女儀隊象徵。

儀隊第一到六屆的制服，有著紅領、雙龍繡線也是紅的，隊長與旗官佩紅色參謀帶，隊員則配橙黃色參謀帶，紅色肩章上未繡北一女字樣、臂上無國旗、白帽上面無帽冠等，下半身搭配白長褲、白短靴。第五屆的戴春雅曾說，當時布料沒彈性，最怕蹲跪的動作將白長褲撐裂了，總要特別小心。據說，黃鈞老師最初提出的設計圖中，也有裙裝，但當時連制服裙都是遮蓋到膝下的長裙，這提案立刻就被否決了。

儀隊第六屆時，為了參加日本萬國博覽會表演，由政府籌辦人員主導，這才說服了江學珠校長，把白長褲換成白短裙。裙子短至膝上三寸，胸前飾以排扣，肩章與領子皆改為綠色，隊長帽冠加上黃絨毛，隊員帽冠加上黃流蘇，搭配長筒白馬靴。不過，當時還有個小插曲。這套制服，靜態欣賞，甚有美感，但在第一次彩排時，隊員穿著短裙轉身、蹲下、大跨步等動作，驚煞所有人。由於當時民風保守，少有人穿短裙，根本沒有安全褲的概念，這種動態表演，裙底曝光實在不雅。籌辦人員緊急想出一個解決辦法，他們找到一種不透明的白色絲襪，緊急在全臺北市各大小百貨搜刮，好不容易才湊足全隊的量。這套制服，在萬博之後致贈北一女，儀隊往下又傳了幾屆，到第八屆仍穿著它表演，而且連白色不透明絲襪的搭配也傳承了，都是由校方採購統一發放。

過了兩年，這套光榮戰袍已經舊得不堪使用，北一女重新為儀隊隊員裁量新制服，並改回了專屬北一女儀隊的雙龍繡飾，肩章領子維持綠色，全部隊員的帽冠都改為黃絨毛、白色馬靴搭配金屬扣環，白色絲襪也不再統一發放，由學生自己負責，大致的配飾設計已經與今日非常接近。第十屆開始，幾乎都是穿著新制服上場表演。不過，為了激勵隊員不忘北一女儀隊榮譽，萬博那套制服，

儀隊制服的右臂繡上國旗。肩章不好固定，所以她的「北一女」肩章上纏著膠布。

仍作為收藏品傳承下去，到十二屆才功成身退。

到了儀隊十二屆，因曾經安排出訪夏威夷參加美國獨立紀念日，新裁量的一套制服，在右臂上印上了國旗，自此臂上加國旗，成為定例。但可惜此行因故沒有去成。手臂上的國旗一直到十七屆出訪時，才正式跨出臺灣土地在美國亮相。十七屆還有一項新例，便是白馬靴上的金屬扣環，改為以黃色綁繩裝飾，此後白靴搭配側邊黃綁繩，也成了固定搭配，沿用至今。

白馬靴側邊的黃色綁繩，是從 17 屆開始沿用至今的固定搭配。

訪美之行撼動學生髮禁

早年的臺灣學生，幾無捍衛自己髮型美感意識的權利，教育部要求學生形象樸實，訂下嚴格髮禁，女生要剪西瓜皮，男生則理三分頭，如此三四十年，到了一九八一年，北一女儀隊出訪美國，全團百位女學生破例燙了一頭俏麗捲髮。這引起了國內數十年來最喧騰的一次髮禁風波——北一女學生能，我們為什麼不能——一時，議論聲音四起。

一九八一年，北一女出訪美國之前，外交單位幾位高官正議論與煩惱著，這團漂亮女孩子個個剪著耳下一公分西瓜皮，過分乖巧和素樸，看在崇尚自由民主的美國人眼裡，會不會有點不合情宜。為了在外交困局中能和強權美國關係靠近，及突顯我國國情與共產專制的中國大陸*有明顯不同，他們做出了以下決定，出訪團成員不再有頭髮長度規定，可以留長、可以燙髮。

自命令頒佈到出國，還有三、四個月時間，這群女孩子得到特別赦髮令，當然非常高興，個個悉心愛惜好不容易留長了的頭髮，出國前幾乎所有人都跑去燙髮。幾個月時間，頭髮其實都還留不到肩膀長，燙起來像一顆大蓬頭，那也無妨，這已經是她們心中最「風尚」的造型。

出訪團美國表演的新聞媒體畫面傳回臺灣，北一女儀隊的風尚髮型，隨著表演場場轟動，也愈來愈引眾人注目。

北一女樂儀隊「仿」美！開了例誰不想做「髮」？

頂著「西瓜皮」、內心全都難受　留個「和尚頭」、外貌壓力不小

籃球盛會中美青年快事

北一女儀隊俏麗髮型贏得喝采

活潑歡笑給人好感

女生何必清湯掛麵

為了訪美，女孩們得到特赦令，可以留長或燙髮。她們的俏麗髮型，引起輿論關注。

「同樣都是學生，為什麼儀隊可以不用遵守髮禁？」

「頭髮的長短，根本不能斷定一個人是不是品學兼優的好學生！」

這樣的意見，連在北一女校園內都愈來愈多，儀隊與非儀隊之間，秀髮只有幾公分的差別，自主權卻差了有幾萬里。

終於，在一九八七年「放寬」髮禁。

原本在髮禁「耳下一公分」的禁錮下，北一女的學生們很多喜歡把頭髮剪成弧形，兩邊短後面長，只為多留那一點兒也開心。髮禁放寬後，只規定「不碰到衣領」，打薄、剪層次、留瀏海，也都開放。那年正好是儀隊二十三屆高二下學期，柴美筠和黃文貞指著當時的照片說，「你看，那時已經可以留瀏海了」。當時

訪美行程的空檔，外出走走，留下一張與教練的合影。這幾位女孩都頂著大蓬頭。

照片中，幾乎人人都剪了瀏海。

由於髮長以衣領為標準，二十五屆的郭宗瑜就說，「我那時候覺得很不平，那脖子短怎麼辦！」像是有個冰山美人型的張玉文學姊，脖子很長，頭髮就能留很長。「她的也是衣領下緣，我的衣領下緣怎麼跟她差這麼多。」

就在這時，二十五屆隊長葉瑜芬，決心不要再守著傳統女學生造型計較長短，改剪類似男生的超短髮。此舉，讓許多遵守髮禁已久的女學生們也覺得有突破性，下一屆、下下屆的隊長，自動也剪了超短髮。自此，剪成男生頭，彷彿是隊長之間不言而喻的默契。

流傳下來，有幾屆因為覺得這是北一女儀隊隊長的「優良傳統」，便明令選上

27 屆的隊長（前排 5 位）都剪起了超短髮，不過當時「隊長形象」的內規尚未形成，隊長拍團體照時也可以很率性。

上圖｜帥氣短髮是隊長們的默契，後來也成了不成文的規定。圖為 31 屆隊長

下圖｜短髮也是旗官傳統，必須是不過眉、不碰耳、不碰肩的髮型。上排為 44 屆旗官，下排為受訓期的 45 屆小旗官。

隊長的學妹立刻去剪短髮，維持兩側不碰耳、瀏海不遮眉的髮式，直到從儀隊退休。雖然這一度變成了團體內部的「髮禁」規範，但大多數隊長都以此為榮，且覺得短髮不會被大風吹亂、舞刀也不容易揮到，練習方便。

到後來，旗官們也開始力行剪髮傳統，四十五屆的國旗官黃齡萱說，選上旗官的那一刻，學姊便要求她們，「不要過眉、不要碰耳、不要碰肩膀」，隔天練習就要看到是短頭髮。接下來，在正式隊員期間，都要維持俐落短髮。

這一頭超短髮，意外引起了北一女校內特殊的偶像熱潮。由於歷屆隊長與旗官往往身材高眺纖細、面容標緻，再加上帥氣的髮型、表演舞刀的俐落，以及帶領儀隊練習時威嚴的氣勢，她們成了校園中特別「不一樣」的一群人。自儀隊隊長第一次以超短髮風靡全校算起，至今已經超過二十年。

從嚴格髮禁，到完全不再規範髮禁，數十年過去，北一女儀隊用她們自身的例子，對整個社會發聲，優秀與遵守規範兩者並沒有必然關係；真正的優秀是，給學生自主權，讓學生自己做出選擇，並且為自己的決定負責。

＊在當年，臺灣人習稱中華人民共和國為「中國大陸」或「大陸」。

帽子裡拉出來的不是兔子

一頂儀隊帽子能有什麼玄機呢？

就像魔術師可以從魔術帽中拉出來一隻兔子，儀隊女孩們頭上那頂帽子就是她們的魔術帽，隨時可變出各種「道具」。

往往，國慶典禮下禮拜要期中考，或有時隔天就要小考，書來不及念完的小綠綠，最會利用時間。這時，帽子就成了「移動書櫥」，表演場邊等待的空檔，抽出小抄來背背單字、解兩題數學，聽說有的人更絕妙，整本課本都抽了出來，不擔心等候時間太長沒有書念。這應該是世界上最有書卷氣息的帽子了吧！不過這樣，遊行時，頭不會很重嗎？

大家都道北一女的學生功課好愛念書，然而，沒到燃眉之急，書也是不會頂到頭上，在乎美麗形象才是十七歲女孩的天性。帽子裡最常掏出來的是手帕、衛生紙，畢竟表演常常都在室外，刮風下雨曬太陽，怕站得太久頭會暈，還有人藏一包酸梅。汗流浹背或淋了雨，帽子裡的道具就派上用場。

如果又帶書又帶紙巾，帽子空間不夠放，腰帶也是另一個好的藏匿之處，一

儀隊帽子，像魔術帽，隨時可變出各種「道具」。

張車票和一些零錢，省卻錢包沒有地方放的困擾。經過運動量大的儀隊練習，幾乎人人都是細腰，腰帶扣環底下塞一條手帕、幾張小抄，並不影響視覺效果。

還有，儀隊在冬天寒流下出隊表演，儀隊制服那樣單薄根本無法禦寒，小綠綠們這時就把暖暖包放在頭上或夾在腰封裡，好歹可以在寒風中取一點點暖。最怕的是手凍僵了容易掉槍，練習時和上場前把暖暖包抽出來搓幾下，趕緊暖一暖手。

也曾有位女性教官，出隊前貼心提醒隊員們，如果剛好生理期的話，可以把衛生棉放在帽子裡。學生就頑皮地說，要把手機也放在帽子裡。「那樣震動起來應該會很好笑吧！」大家你一言、我一語。最耍寶的是，某次到總統府表演兼參訪，兩位同學藉機到總統府裡上廁

腰帶扣環底下也是女孩藏匿小物的地方。

所，出來時，一面從帽子裡拿出「祕寶」，一面說，「總統府來的衛生紙！」這樣萬用的好帽子，不曉得有沒有人收到情書，當場就藏進去的呢？
根據上面的研究調查，我們也可以將儀隊的帽子視為儀隊的「分類帽」。妳是愛念書的小綠，帽裡面是書，好的，葛來**分多**綠。

這回，輪到楊教練戴帽子了。

路上的馬糞都要踩下去

「馬糞的抉擇」這個傳說，在北一女儀隊流傳久遠，學妹們都會聽過學姊說這段故事。

回顧半世紀隊史，終於找到了故事起源，這要從一九九六年儀隊三十一屆赴美國加州玫瑰花車遊行說起。

這是隊史上第五次出國。西方國家的遊行隊伍多有騎兵，騎兵固然帥氣英挺，他們所騎的那匹馬卻難以控制——牠們會沿途大便——這群女孩子第一次見識到騎兵團的真面貌。

幾位當屆的樂儀隊成員在《小草的三年》中回憶道，遊行開始前，樂隊打擊指導兼隊形教練宣布一條讓人難以遵守的規定：「一路上的馬糞只能踩，不能跨。」一群穿著白色俏麗短裙和帥氣白馬靴的女生開始七嘴八舌，不曉得一坨大概有多大、會不會很臭之類的。

她們一腳跨入遊行路線，果然是臭氣薰天，不過，「不知為何混著檸檬味」，像有一絲清潔劑氣味。馬糞集中在路中間，忽大忽小，「一坨少說也有相撲選

左圖｜2004 年，儀隊 41 屆隊史上第 2 次赴美國玫瑰花車遊行。

手的臉那麼大」、「更噁心的是那玩意兒看起來像是正在融化的冰淇淋」，眼見這麼驚人的事實，還真的沒有人有勇氣踩下去。但隊員們仍惦念著隊伍要整齊，為了與兩邊隊友對齊，重心忽前忽後，既驚又懼中，努力地保持笑容，完美地走完遊行。

唯一例外的就是走在最前方的旗官。三十一屆的總隊長蔡馥光說，她遊行時被編列為旗官。眼見「哇……前面那一坨……」，但心裡又想，旗官作為北一女儀隊的門面，必須非常整齊，不能避開，終究還是硬著頭皮踩下去了。

此後許多年，大家都聽過學姊說，為了要維持隊形的整齊，一定要直直地走，有馬糞就踩下去。甚至四十三屆吳悠說，楊教練也講過：「妳們的學姊精神可嘉，就算有馬糞也直接踩

上圖｜穿著紅色外套彩排時，請注意旗官的後方的大地雷……

下圖｜表演結束前，全場表演隊伍手牽手合唱*Auld Lang Syne*。

下去，隊伍都沒有變。」

「常聽這個傳說，沒想到有一天會真的遇到。」四十三屆在愛丁堡軍樂節的其中一次遊行中，吳悠就發現：「咦？為什麼前面開始偏移？」四分隊的她，幾乎是全大隊最後幾排，看到前面的人們都走著直線，只有中間那排拐了一個大彎，快走到時才知道：「啊！是馬糞啊！」

走在中間排最前面的正是總隊長，在面對馬糞的抉擇時，雖然知道隊伍不能偏這件事有多重要，還是選擇了繞過去，大家看隊長都繞過了，就跟著也繞過去。後來，大家私下總拿這件事開玩笑，但其實很感謝她。

遊行過後，愛丁堡表演的馬糞抉擇還沒有結束。軍樂節的演出形式是，各隊伍依序表演完後，還會在最後全場合唱蘇格蘭民歌 *Auld Lang Syne*，唱得時候大家會手拉著手，一面左右搖擺。但就有一個不小心，有人拉太大力把白手套扯掉了，好巧不巧還掉在一坨馬糞上。那人看了，實在沒有勇氣去撿，內心掙扎地想說手套不要了。沒有想到，隔天有人送來那隻手套，是工作人員撿起來，特地洗乾淨還給她。

只要北一女儀隊在的一天，這個傳說就會繼續流傳下去。

揮灑汗水之後最愛的美味

北一女周邊的市景、小民生活，留在一代代北儀女孩的回憶裡，染了一層輕淡的綠色青春氣息。有些老鋪、有些味道，雖然搬家了、不見了；也許地圖上，再也找不著了；即使如此，那些生動而立體的景致，未曾褪色，我們還能從她與她的記憶裡，一磚一瓦蓋起、一巷一弄連繫。

公園號酸梅湯

老字號的「公園號酸梅湯」，不知何時起早已大剌剌地在招牌上掛上「老牌」二字。七〇年代初，就已經在現址（臺北市衡陽路二號）落地生根，沁涼解渴的酸梅湯，數十年來都還是北一女儀隊最愛的美味。唐麗英說：「我們每次練完都跑去那裡喝，那是很多人的記憶耶！」當時一杯酸梅湯只要一元，很便宜卻是最讚的滋味，尤其練習每每很辛苦，大太陽那樣曬了一個上午或下午，練完去喝一杯最是消暑，一定要喝完才肯回家。

——唐麗英，北儀第八屆黑槍，一九七〇年至一九七三年就讀北一女

綠門生煎包與長沙街蛋乾拌

那時候，星期三和星期六只上半天課，中午大家都回家了，會在學校附近吃飯的北一女學生，多半就是要留校練習的樂隊和儀隊隊員。

在北一女東側，外交部南邊，大約是弘道國中與國家圖書館現址的地方，有一個老眷村，看上去像是一排排違章建築，人們都不知其名，只因為那外頭圍著一排綠柵門，北一女的學生都口耳相傳叫它「綠門」。綠門那一排小吃鋪賣的生煎包和饅頭，深深留在馮燕記憶中；那一代的人多見過著名的奇景，北一女面公園路圍牆的開口，學生就扯開喉嚨往對面「叫外送」，饅頭、包子什麼的就有人跨越馬路送過來，就是這一份樸實的味道，默聲地餵養了幾代綠衣人；而相約到綠門那邊去尋覓美味，更摻和在午後練習中成了大家的共同回憶。

往另一方向，總統府後頭走，馮燕口中最美味的「蛋乾拌」就在那裡。還沒

改建的長沙街，也是三兩排違建的矮平房，臺北市美味的乾麵就從那裡發跡，有人叫它「總統府乾麵」、「北一女乾麵」，其實就是後來聲名大噪的福州傻瓜乾麵。「那時候就在想下午會那麼辛苦，要來加一些營養」，一碗乾拌麵加一個蛋，就簡稱做蛋乾拌，現在想想或許不算什麼，但在當時，那就是整個下午的活力來源。

——馮燕，北儀第十屆旗隊，一九七二年至一九七五年就讀北一女

榮冠橘子水與綠門雜冰

榮冠果樂，是美國皇冠可樂（Royal Crown Cola）由退輔會（也因此冠上一個「榮」字）引進臺灣成立的碳酸飲料品牌，它在七〇年代，如旋風掃過臺灣，當時可是學校福利社必備品項，除了可樂原味之外，還有蘋果、葡萄、檸檬、橘子等各式水果口味。

王如玄記得，儀隊練習都是大熱天，練習完大家都要衝去福利社買一罐榮冠橘子水，最受歡迎也是她最愛的橘子口味，她們就直接暱稱叫「榮冠橘子水」。橘子汽水冰涼消暑，可惜榮冠這個品牌，在臺美斷交之後就漸漸消聲匿跡了，那

時的滋味，只留在這幾屆隊員心中慢慢回味。

若不是喝橘子汽水，大夥兒就是跑去綠門吃冰。「雜冰」是那兒的招牌，號為雜冰，你可以想到的什麼都有，綠豆、紅豆、蜜餞、粉圓……林林總總十多種配料，灑在碎冰上，澆上純正糖水，當豔陽正嗆辣地照下，那碗冰是如何閃耀著光芒。綠門消失之前那幾年，凡練過北一女儀隊的，沒人不知道綠門雜冰，一碗沒名沒姓的雜冰，誰知道多少女孩的舌尖眷戀過。

——王如玄，北儀第十五屆黑槍，一九七七年至一九八〇年就讀北一女

大方剉冰與公家餐廳客飯

位在西門町中華路旁、國軍藝文活動中心巷子裡的大方冰果室，是七、八〇年代學生們心中的冰品聖地。那條小巷有多家冰果室群聚，但大家總說，「我們去大方吃冰」。原來，大方冰果室是用人工拿著鑿刀親手去剉冰，跟用機器削出來的自是不一樣。店裡的招牌是蜜豆冰，燉得香甜綿密的蜜豆，還會搭上好幾片當令水果，淋上香蕉油。

對崔麗心來說，最開心的事，就是練習結束之後大家可以一起到大方吃冰；

友誼分享下，豐富香甜的滋味搭配冰咬下喀滋喀滋的口感，都是夏日最奢侈的享受。除了冰品好吃，大方冰果室的人氣還來自顧客本身，那時穿著各色制服穿梭其中的學生不計其數，光是同在一家店內吃冰，也許就是那年代中最大的校際交流，而練完儀隊後去吃冰的北一女，怕是也不知不覺中成了其中最美麗的畫面。

還有，由於北一女位在行政中心博愛特區，四周圍繞著偌大的公家機關，離一般餐廳店家都有一定距離，公家機關的餐廳就成了她們最好的鄰居。不管是法院（今司法院）地下室的餐點、外交部底下餐廳的客飯，選擇比學校福利社多得多，且平價又好吃，都是崔麗心印象中的好去處，辛苦過後一定要慰勞自己，大家一起沿著學校附近找美食，就是最大的樂趣。

——崔麗心，北儀第十七屆一分隊長，一九七九年至一九八二年就讀北一女

三點半奶酥麵包和蛋捲冰淇淋

相較於大家都是練習前後出校門去找吃的，同學們口中的「草莓大福隊長」李佳芳最特別，她是照顧著隊員們的肚子，練習中特地去買補給糧食，深怕隊員餓著了。

沅陵街上有世運、金陵兩家麵包店，三點半出爐。李佳芳說，下午練習時，她一定仔細思考今天要吃什麼，當然，身為隊長的她，也同樣慎重考慮三點半買完麵包後，趕回來還有多少時間可以練習。這兩樣擔心不曉得孰輕孰重，但時間一到，她定特地報告楊教練，「教官，我去買一下麵包，三點半出爐！」穿出校門，從重慶南路轉沅陵街，速去速回，她一下就抱回了十多個熱騰騰的麵包，同學有份、教練也有份。

三點半的奶酥麵包和學校裡的蛋捲冰淇淋，兩種甜蜜蜜的滋味是她的最愛，有了這些甜點，那些個揮汗如雨的下午，彷彿都不曾辛苦過。

——李佳芳，北儀第十七屆四分隊長，一九七九年至一九八二年就讀北一女

各種不完美的美好

曾經有個傳聞，北一女儀隊在表演時掉槍、掉刀，是會被學校處分的。就如其他形容儀隊操練有如魔鬼訓練的傳言一般，這種記警告、記小過的威脅，不知讓人敬而遠之了幾分。十三屆的隊長蔡瑜說，在加入儀隊之前，她也曾這麼聽說過。但其實，北一女儀隊成立五十多年來，從未有任何人因為掉槍受處分。

不僅如此，如果有人去問楊教練，他還會驕傲地表示，「只有我們的一女中儀隊，可能發生掉槍、掉刀這種事。」原來，北一女儀隊的槍法難度高，經常要讓槍離手；隊長的刀，轉速要快，也從不繫繩子在手上，講究的都是真功夫。楊教練總是看著這群女孩埋頭苦練的樣子，因此不論是練習或大小表演，對她們掉槍、掉刀等「重大失誤」，不僅不會苛責，還會用他溫暖幽默的話語，去安慰那個已經很沮喪的女孩。

像是練習時，教練下指令做槍法，通常只會做三次，不過也有例外。某次日常練習，飄起了雨，因淋了雨的手很滑，三十五屆戴士嫻的槍連三次都掉到了地上，「我感覺到教練不想讓我太難過，想給我機會，所以那次槍法我們做了六次，我卻六次都掉了。」她說。雨更大了，於是教練不忍心叫大家再做，讓大家躲雨休息時，特地過去鼓勵戴士嫻，「不要怕啊，再加油啊！」

當年在南京表演場上，戴慧雯的槍背帶一邊掉了，長長地拖在地上，隊形動作都沒辦法好好做，她繃著臉，把心裡的氣惱和沉重全寫在臉上。但沒多久，教練發現了，衝過來幫她把另一邊背帶也拆下。接下來的表演，雖然少了背帶的槍重心不同無法做槍法，但這時她看見，楊教練站在舞臺的外圍，對著她微笑，且比了個「讚」，「那種安心的感覺，永遠難忘。」

曾經有一屆，在國慶表演時，有位隊長的刀唰唰唰帥氣甩了好幾圈，轉動得

18 屆鄒開蓮穿著儀隊制服與父親合影。

精采，但就隨著那力道，刀飛出去畫了一個很大的拋物線，既美且遠，竟落到了史瓦濟蘭官員的跟前。那時候她心虛做了個收刀的動作，楊教練鎮定地去把刀撿回來，事後還跟她開玩笑說「妳要暗殺誰要看清楚，不要這樣刀就飛出去了」，自此以後，楊教練私下就她叫「小李飛刀」。

第四屆的陳茜有著後無來者的傳奇。有個動作叫「平傳」，就是前面的人用兩手將槍高高托起，往後一拋，由後面的隊友接住。陳茜當年的國慶表演，就在這個動作遇上窘況，她雙手高舉，穩穩地接住手上的槍，但，哪裡有些不對勁，「手上有兩把槍，多了一把！也不知道哪裡飛來的，怎麼辦？只好故作鎮定再

榮譽狀

學生 林蓁 擔任本校儀隊隊員，
兩年期間經歷嚴格訓練，表現優異；曾參加國內外
國慶大典 北市樂儀隊比賽 民間遊藝大會 台北市立第一女子高級中學中國大陸訪問團
台灣區中學運動會 世界盃國際槌球比賽開幕典禮表演 接待國際性來台外賓之演出
等多項活動，貢獻卓越；特頒獎狀以資獎勵。

台北市立第一女子高級中學校長 丁亞雯
中華民國八十一年 一月 四 日

CERTIFICATE OF MERIT

This is to certify that Lin Jen, a member of the Honor Guard of this school,
has fulfilled her arduous duties with honor and devotion despite the hardships of a rigorous training schedule,
while also
presenting successful performances in numerous international activities such as
"National Day Parade" "Competition of School Bands and Honor Guards of Taipei" "Folk Recreation Activity"
Taiwan High school Athletic Meet The Performance in the Opening Ceremony of the International Gateball Tournament The Performance for Reception of International Honorable Guests DELEGATION OF TAIPEI CITY FIRST GIRLS' SENIOR HIGH SCHOOL TO MAINLAND CHINA
In recognition of her service and achievements, this certificate of Merit is awarded her on this day of
by
the Principal of the Taipei Municipal First Girls' Senior High School
Signed : Ya-Wen Ding

退役時，學校會頒發榮譽狀，
並蓋註曾經參與的重要場次。

把它傳回前方去。」這還不只，她那屆剛好參加了兩年國慶表演，另一回隊友傳回來的槍，居然「槍頭掉了」，讓她當時不但嚇壞了，還要憋笑。少了半截的槍，重心不一樣，沒辦法轉，她只好一直舉著，到表演結束時，才由楊教練跑到場上幫她把槍頭撿回來。

還有，「一條龍」這個隊形是北一的招牌，最精采之處就在次第切換的節奏，好似骨牌推過去，浪花翻滾，它最考驗團隊默契和專注力，一旦亂了節奏，一

美麗隊伍・北一女儀隊
表現突出・獲一致讚美
教官楊先鐸費盡苦心功不可沒

在慶典或其他大會上的儀隊操槍表演，不單以其陣容、服裝之整齊最吸引人，亦以其神乎其技，講求合作精神而收整體美之效果。

服務於三軍儀隊，十多年來爲北一女儀隊教練的楊先鐸表示，一支成功的儀隊隊伍，以隊員的精神爲首要。他認爲，傑出的儀隊隊員，並不需要特殊天份，而是靠個人的決心、毅力，好學及勤練。

正式登場表演，雄姿英發，動作劃一的儀隊，訓練需自基本的「立正」、「稍息」做起。一般人很難想像，這看似發生自然的力感美感表演的背後，是多少經驗的累積。

北一女儀隊隊長蔡瑜說，在初開始玩槍時，手上不免會起水泡，而未臻熟練時「掉槍」，也可能打傷自己或別人。她們最多一天內在不同場地表演達三場之多。

北一女儀隊，歷年來一直以不斷推陳出新的花招，及嚴格的訓練，在技巧上領先他校儀隊。

指導該隊的楊先鐸教官表示，創作儀隊動作，需要時常觀賞有關表演，一方面也得靠如同藝術創作般的靈感。

他說，「設計」和突破由「想」進入「做」的一關，最爲困難，一旦心神領會，手腳配合，把握到竅門兒，想像中覺得不可能做到的動作，就可望付諸演出了。

楊教官並說，在隊形設計上，「模仿」最易，往往處心積慮研創的動作或隊型變換，做出來後即人人皆仿之。北一女儀隊的「國徽」及「毋忘在莒」隊型，已因此不再是「獨家」了。

他並認爲，女子雖然體力較弱，臂力差，但因爲這是一項以技巧爲關鍵的操演，所以女子儀隊不比男子儀隊遜色。他並強調「親身體驗」在技巧學習時的重要，他說，對於重心、力點的把握控制，要靠一再實地練習，不能只靠老師教或看著示範。

目前一女中儀隊的幾個動作，仍是其他學校儀隊，甚至三軍儀隊，都尚未做出的。槍在空中轉兩轉和行進中隊伍前者拋槍後者接槍等動作，都不可能是速成的困難動作。

由於不似一般儀隊「槍不離手」，楊教官說，只有一女儀隊，可能發生表演時「掉槍」的失誤。

一女中儀隊隊長表示，「掉槍」是一件尷尬的事，雖然少有失誤，但無法預料會在何種情況下，和在誰身上發生。她說，「掉槍」多因緊張，或發生在二槍相碰之時，是意外，而與練習的熟練度沒有多大關係。

至於對傳聞中大場面表演時，「掉槍」會受到學校的處分一事，這位隊長矢口否認說，在未加入儀隊前，她也這麼聽說，但是加入後一年多來，大家卻從未受到過這種威脅。

由於北一女儀隊要求高，訓練嚴格，操練時間也花費不少。學行優秀，看來秀外慧中的該隊隊長蔡瑜說，參加儀隊並不影響功課。她表示，看似「損失」了的時間，反使她們心生警惕，節省日常浪費了的零碎時間，唸書時會聚精會神，而大收補償之功。

目前一女中儀隊的幾個動作，仍是

只有多方面才藝的她說：「無論如何，整天讀書不但不可能，也不會收效。」她認爲，月考前仍不得叫暫停的儀隊操練，的確會給她們心理上的壓力，而實際上因爲參加儀隊活動而學業退步的例子，卻還沒有。

一女中甄選儀隊隊員，一般規定學行成績在八十分以上。

蔡同學說，參加儀隊可培養其責任感。她說，大多數同學，都將這當做一件應做的事，應盡的責任，而按步就班照規矩做。有時心中記掛著做別的事，或想回家讀書或休息，但想到這也算是爲學校做點事，就本本分分的盡力做。她說：「總希望我們以學校爲榮，學校也能以我們爲榮。」

女子高中儀隊，因爲一般隊員的體型都頗整齊，服裝耀眼，隊隊都可稱之爲「美麗的隊伍」，向來風靡男校男生。蔡同學表示，儀隊並不是比「漂亮」，而是講技巧，她說這種技能，將來應用機會不多，而長時間的訓練，能鍛鍊體力倒是真的。

本報記者黃大慧

媒體報導楊教練如何嚴格訓練北儀，並提及隊員掉槍的心情。

波波美麗的浪就翻不起來。「有次表演一條龍，我旁邊隔一兩個人的地方，有人掉了槍，一時，我真的非常緊張，還以為是自己掉槍了。」十八屆的鄒開蓮笑道，語氣中略帶著還怕掉槍的緊張感。

經常，天候因素也是一種無奈，克服了天候那種感覺特別驕傲。儀隊十四屆那年國慶表演，在毛毛細雨中進行，濡濕了的手和槍特別滑，讓人戰戰兢兢地，「不要掉槍不要掉槍」，陳正雯心中一直想著。還好那次表演順利，「我很慶幸在我儀隊生涯裡，保持著正式出隊沒有掉過槍的紀錄。」

最讓好多代北儀人又愛又懼的表演場地，則是中華體育館。環形高起的看臺，享受多少人矚目眼光；但它是個室內場地，又鋪著木頭地板，要是一掉槍，場內一定聽得特別清楚。「我記得我們那次表演幾乎是完美，可是我們那分隊有一個人掉槍，啪，好大一聲，真的很大聲。」十三屆的蔡之雲說。那時的自信和滿意，和槍掉在木地板上的聲音，那個轉折，至今都還敲在她心上。

想著那些過了不管多少年也忘不了的深刻，那種年輕時可以為了這些死命鑽牛角尖的心思，那般好氣又好笑的掉槍故事，現在，其實已經可以笑著侃侃而談了吧！

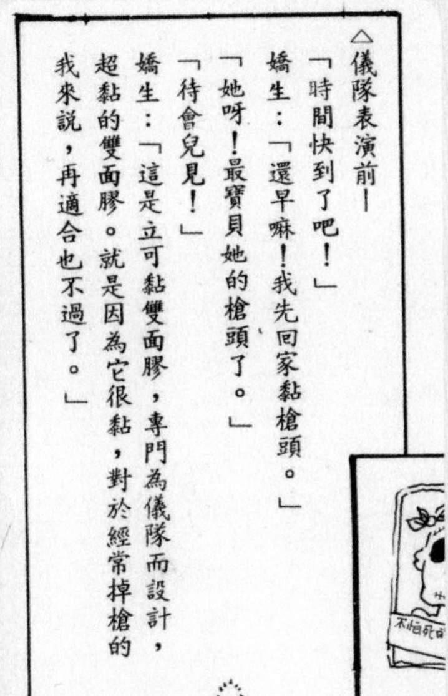

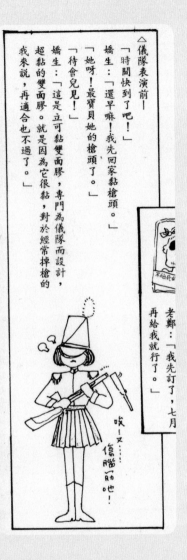

老鄭：「我先訂了，七月再給我就行了。」
△儀隊表演前—
「時間快到了吧！」
嬌生：「還早嘛！我先回家黏槍頭。」
「她呀！最寶貝她的槍頭了。」
「待會兒見！」
嬌生：「這是立可黏雙面膠，專門為儀隊而設計，超黏的雙面膠。就是因為它很黏，對於經常掉槍的我來說，再適合也不過了。」
唉！又……傷腦筋吔！

一九八六年六月的第五十七期校刊《北一女青年》，俏皮的綠園絮語「槍頭掉了」。

那些年我們一起受過的傷

那些年裡，儀隊女孩最讓人擔心的，莫過於身上大大小小的傷。

網路上流傳著一則傳說——北一女的五十種死法——第一種是「被儀槍打死」。看過的人要不是會心一笑，就是心有戚戚焉。早晨、黃昏跑操場的老師，體能訓練的籃球隊、排球隊、網球隊，午休買午餐路過的同學，每一個熟悉北一女操場的人，都曉得要留心天外飛來的「暗器」，尤其最好是，要能分得清楚哪些是新手高一，「防備範圍」得大一些。

最常受傷的總還是隊員自己。跪地的瘀傷；大太陽下的曬傷；甚至，貼壁也能貼出傷。雖然練習已經很小心，有時候還是難免有意外發生。

二十四屆的吳淑貞受的傷卻出乎意料，練習時手不過是被木槍木屑刺到，到了保健室，那時老校醫眼睛不好，幫她挑木屑，挖到血肉模糊都還不成，結果她自己一挑就起來了。

但是，跟被儀槍打傷比起來，其他什麼不用送醫院的瘀傷、皮肉傷，都是小事。剛開始練習拋槍，有被自己打腫、砸傷的；有槍友互拋時，一方不注意，就打破了頭、縫了好幾針的。尤其白槍有幾個高高往上抛的槍法，如果不小心歪了，或手一滑沒接好，輕則腫痛，重的骨折、脫臼、打斷鼻樑都有過。

幸好，臺大醫院急診室鄰近北一女，是她們緊急處理時最方便的鄰居。到了醫院，有的是不小心就脫口而出，說「是被槍打的」；有的則是很頑皮，故意

上圖｜受了傷的隊員空手做槍法，戲稱是拿著「國王的新槍」。
下圖｜後方草地上站立的隊員（中），額頭受傷，貼了顯眼的白紗布。

樂儀旗隊出國演出，護理老師陳碧珠一定背著醫藥箱緊跟著隊伍。

跟醫生說受了「槍傷」。久而久之，醫生看到綠制服，就知道「槍傷」又來了。

另外，儀隊練習時間很長，在太陽底下曬到暈了是常有的事。在倒下前，可就要靠四邊的隊友機警，趕緊把她接住。若是貼壁暈倒時，可能就沒有那麼幸運了，大家也都緊貼著牆，要救人可就沒那麼快。

三十四屆一分隊長陳祖睿，大概就是史上最嚴重的貼壁意外，她整個人無意識地一字形往前倒，臉直接撞地，顴骨破碎、鼻樑歪掉凸出，緊急住院開刀。

更扯的是，開刀後沒幾天就是總驗收，她竟還纏著紗布撐著身體參加了。

楊教練、學校教官、師長們都相當為她們擔憂。出國表演時，一定為了預防緊急情況做好準備。教官們總要隨身背著醫藥箱，退休的楊正明教官就說，「學生們出去像玩樂，大人們出去像逃難一樣」，她袋子裡什麼都背，就怕意外時得用上。在一九九二年樂儀隊出訪中國之前，都沒有護理老師隨隊，當時北一女校長丁亞雯，覺得護理老師陳碧珠可以照護學生身心健康，誠懇請託，終於打動了她，自此陳老師多次隨儀隊遠征中國、美國、日本、英國等地。每次離開臺灣前，她會親自打給兩三位熟識的臺大醫師，拜託醫師這幾天電話不要關機，若小綠綠們在國外發生緊急情況，希望第一時間就能有備援。有了這些令人安心的後盾，北一女儀隊在外更能無後顧之憂，盡全力表演。

隊員自己是最不願意受傷的，除了身體的創痛外，不希望大人們因此阻止她們繼續練習更是主因。而且，也不願儀隊練習太辛苦的傳言，讓新的學妹們不敢加入。所以，她們把這一切都承擔下來，受傷的責任自己扛，傷好了還要繼續練儀隊。

其實，儀隊的每一分子都知道自己很幸運，一直有身邊許多的人關心與照顧著，她們也更懂得珍惜與感恩。

CHAPTER 4

—北一女青春—

半世紀見證。

她們用自己的步伐，
踩踏出的是歷史的刻痕，
是一條有生命的美麗道路。

IV

林語堂、川端康成，與短裙

北一女儀隊第一次、也是唯一一次，以「中華民國代表隊」名義出國表演，就在一九七〇年，日本大阪萬國博覽會的「中國日」上。由儀隊第六屆出隊，創下高達七十二萬人次觀賞的紀錄，留下令世界各國印象深刻的美麗身影。

萬博轟動全場的演出幕後，其實有個曲折而巧妙的迷你裙物語。

當時，中華民國仍是聯合國安理會常任五國的代表，且與日本為邦交國，因而受到大阪萬博主辦單位禮遇，邀請中華民國派代表與會，並在七月十日「中國日」上安排表演節目。然而，國際情勢暗潮洶湧，兩岸政權的較勁愈演愈烈，臺灣本土時局亦隱隱波動。當政者意識到，這是一個在國際間亮相的重要時刻，必不能失了「大國」格局。

據劉昌博在《中外雜誌》回憶*，為兼具韻律和諧、形式優美又能表現民族特色，承辦的教育部文化局*可謂傷透了腦筋，經過為期數月、全島南北奔走考察，終於選定了包括北一女中樂儀隊在內兩百多人的訪問團，其中最能表達力與美、壯麗盛大、又柔中帶剛的北一女樂儀隊即占一百一十人，並擔任節目

上圖｜北儀在 1970 年將長褲換成短裙，當時媒體形容她們是「女裙釵」。

下圖｜第 8 屆穿著大阪萬博時延續下來的制服。

民生報　校園新聞　15

北一女樂儀隊 長褲換迷你裙

請君傾耳聽 且要仔細看

●早年的女生樂儀隊大多穿長褲（如上圖），北一女中樂儀隊於民國五十九年穿起迷你裙，在當時可是一新耳目。民國五十九年日本萬國博覽會邀請北一女中樂儀隊前去表演，新聞局主動要求學校把長褲換成短裙，並願負責服裝費用，因此，北一女中樂儀隊才開始以「女裙釵」的姿態出現。（下圖為當年在日本表演時的實況。）

圖：黃均提供　文：華曉玫

開場。

表演前三週，教育部核定組成「中華民國訪日藝術團」，趕製服飾道具等如火如荼進行。工作小組忽然想起一件事，北一女樂儀隊自創隊以來，皆穿著白長褲搭配白短靴，帥氣則帥氣矣，似乎少了點什麼。

文化局局長王洪鈞、副局長鍾義均派處長劉昌博親赴北一女，以女士著裙裝方符合國際禮儀為由，與江學珠校長商討此事。適逢江校長公出，只得隔日裁示，未料答覆是「長褲為自創隊以來『傳統』服式，從未有人說過不符禮儀，恕不能更改！」

女子著長褲表演操槍，不免嚴肅又少了點吸睛度，更重要的是「禮儀之邦」可不能在全世界面前失禮。消息傳回工作小組，大家急壞了。劉昌博急忙再度親訪江校長，總算得到校長首肯，願意將長褲改為裙裝，「裙長應至膝蓋，不能再短了！」校長說。

翌日，自美返臺的林語堂與甫獲諾貝爾文學獎的川端康成，出席教育部文化局一場餐會，局長憶起林語堂有句名言曰：「紳士的演講應該像女士的裙子，愈短愈迷人。」席間便議論起北一女樂儀隊表演服制，未想二位文壇巨擘，皆對及膝裙長大表惋惜，工作小組聞言亦頗有感嘆，宴後即斷下決策，請廠商將北一女樂儀隊制服裙長，改裁至膝上三寸。

在那個年代，迷你裙連在歐洲都是最新潮的裝扮，莫說在傳統的華人社會。隔週，在集訓地公賣局球場給成員試新裝，江學珠校長才當場看見裙長，表情十分嚴肅。

當排演開始，樂音奏下，儀隊隊員托槍走出，挺拔身姿加上踩在白短裙、馬靴下巧然有律的步伐，洋溢著青春動人、自由奔放的氣息，全場掌聲與讚賞不絕於耳。江校長終於漸漸收起眉間的憂慮，以一個欣然的笑容默許了此次改制。

這一項大膽又令人意外的決策，不僅奠定北一女樂儀隊與國內學生女子儀隊往後的服制基礎，更撼動前半世紀年輕學子的保守風氣。

＊相關資料引述自劉昌博，〈樂儀隊換裝．萬博會驚豔——北一女的迷你裙〉，《中外雜誌》，第七十八卷，第一、二、三期。

＊中華民國教育部文化局於一九六八年成立，一九七五年裁撤。

38、39 屆的隊長合照，短裙映襯著長腿。

Coach Yang｜08

萬博過後，「槍舞」風靡

藝霞歌舞劇團（一九五九～一九八五）是當時臺灣最火紅的女子表演團體，有「臺灣寶塚」之稱，七〇年代前期，正是藝霞的全盛時期。其時，呼應萬博風潮，藝霞的老闆親自打聽，聘請到北一女儀隊的楊教練蒞團指導，特別為舞群排練出盛大的「槍舞」，來搭配愛國歌曲演出。

藝霞歌舞劇團的臺柱陳小咪記得，槍舞活潑華麗、變化豐富，比起儀隊不那麼剛硬，很有舞臺效果；印象中的楊教練，又高又帥，是個很正直的人，她雖沒有親自演出槍舞，看他指導其他團員，對學生很好，教得也很好。

楊教練自己也常提起這段難得緣分。他總說，當時自己和燕忠堂教練各指導了幾個歌舞團，藝霞是表演成果最好的一團，也練得最勤、最認真。全團的排演，是在西門町繁華年代裡，最豪華的七重天大歌廳進行。藝霞除了在臺灣演出這些曲目，還帶著這支槍舞，登上國際舞臺，陸續到香港、新加坡、馬來西亞表演。

同一個時期，楊教練記得，還有「中華藝術歌舞團」＊招考各類歌舞技藝團員，打算出國巡迴演出，邀請北一女樂儀隊教練團去指導。集訓的地點在僑光堂＊，因為練習氣氛比較自由，教練跟幾個受訓團員感情還不錯，還有個女孩每次練習前，都拿著槍坐在門口等他。臨出國前，有幾個女孩私下對他說：「教官，我出國就不回來了。」

那個年代，出國是何等大事！有一回，團經理請了于教官、楊教練和畢教練幾個人一塊兒吃飯喝酒。官部門有人就說，要找幾個女孩子陪飯局。楊教練才知道，有個蔣經國身邊的紅人，歌舞團員出國都要透過他核准，不發證照就出不去，他打電話邀飯局，個個不敢不到。

全團大隊人馬浩浩蕩蕩出國，返國時，楊教練就聽說，幾個女孩子，真的留在國外了。

這些都是一九七〇年到一九七三年左右的事！那是中華民國的女子花槍紅遍世界的年代。

＊按：應為中華民國綜合藝術團。
＊中華民國僑務委員會於臺大預定地上所興建，一九九六年由臺灣大學回收使用，命名為臺大鹿鳴堂。

三十年後成行的美國國慶

一九七六年，北一女儀隊第一次受邀為美國建國兩百年國慶獨立紀念日表演。這是繼大阪萬博之後，儀隊再度有機會踏出臺灣，踏足美國第五十個州——夏威夷，代表出訪的十二屆隊員們，個個是既期待又努力。

總隊長于人瑞說，那時還在動員戡亂時期，大多數人不能隨意出國，因此沒辦過護照。為了出訪，隊員還特地到重慶南路上的「白光攝影」，拍了護照照片。

歷經前些年的國際局勢，樂儀隊隊員們很清楚她們肩負的是——將國家帶出去——的重任。她們的表演，用槍排出青天白日徽；她們在制服的臂上，繡上國旗。這樣一來，樂儀隊一行人浩浩蕩蕩站出去，就有兩百多幅國旗。

加繡國旗的新裁制服都趕製好了，外出套裝亦趕製完成，分送到各人手上。為了出訪夏威夷新練的槍法、隊形，皆已訓練一學期不止。所有事前的準備，已然成竹在胸。

可惜的是，當年臺北市長由張豐緒交棒給林洋港，新市長上任重新嚴格審定預算，原先有可能撥給北一女樂儀隊的經費，未能核可。夏威夷之約，終未能趕赴。但繡上的國旗，從此便成慣例。

上、下圖｜1976年，12屆出訪夏威夷的行程取消，但是在制服臂上繡上國旗，從此便成慣例。下圖為該屆隊長，中間者為總隊長于人瑞。
左圖｜2006年美國獨立紀念日遊行。

夏威夷之行取消，儀隊首次訪美是一九八一年的巡迴演出，但再一次有機會參加美國國慶，卻是三十年後了。二〇〇六年七月四日，儀隊四十二屆為代表，參與美國首府華盛頓的獨立紀念日遊行。

時局移轉，北一女儀隊的官方色彩已經大為降低，政府不再那麼需要動員學生「為國爭光」，官方經費爭取更為困難。經由熱心的校友、家長與老師們，大力捐款、募款，爭取自費出國演出，總算促成那一次為隊史、為學校爭榮光，也為學生自己拓展視野的赴美遊行。

三十年之間，什麼變了？什麼沒變？一言之間，難以分說，不管是校方或樂儀旗隊本身，都在思考如何將她們自己重新定位。

The Band & Honor Guard thank these sponsors from Taiwan:

CHINA AIRLINES

保險經紀人股份有限公司
EVERPRO INSURANCE BROKERS CO., LTD.

Upcoming cultural events from Taiwan

Date	Event	Location
July 16 (7:30 p.m.)	Taipei Sinfonietta & Philharmonic Orchestra's "Taiwan Night"	Kennedy Center, Washington, D.C.
August 28 (7:00 p.m.)	Trance Music Ensemble's "Tea & Music Dialogue"	Museum of Natural History (Baird Auditorium)

Taiwan Quick Facts

Official name: Republic of China (ROC)

Capital: Taipei City

Form of government: Democracy

Population: 23 million

Area: 13,179 square miles (roughly the size of Maryland & Delaware combined)

Languages: Mandarin Chinese, Hoklo (Taiwanese), Hakka, various Aboriginal

Currency: New Taiwan Dollar (NT$)

Gross domestic product: US$326.5 billion (17th largest in world)

Per capita GDP (2005): US$26,700

Taiwan/U.S. trade (2005): US$53.5 billion

Foreign reserves: US$225.8 billion

TAIPEI FIRST GIRLS' SENIOR HIGH SCHOOL MARCHING BAND & HONOR GUARD

4th of July Celebration 2006

北儀參加 2006 年美國獨立日遊行的節目單。

AN HONORED TRADITION FROM TAIWAN

Since 1959, the Taipei First Girls' High School Marching Band & Honor Guard has prided itself on a glorious tradition of precision drills and spirited music that has thrilled audiences the world over. Along with the Honor and Color Guard, which were respectively established in 1963 and 1998, the band has performed in Britain, the People's Republic of China, Singapore, and two Rose Parades in Pasadena, California.

Having already distinguished themselves through outstanding academic achievement and personal character, these 145 "modern-day Mulans" have become some of Taiwan's most celebrated cultural ambassadors, renowned for their expertly timed shifting drill formations, dramatic musical performances, and rifle manipulation skills. These tightly choreographed performances are the result of the hundreds of hours of rigorous training, and a testament to these young women's discipline, spirit and passion for excellence.

In addition to their appearances at international parades, the Band and Honor Guard are often invited by the Taiwan government to perform before foreign visitors and at Taiwan's own National Day ceremonies.

2006 Performance Schedule

Date	Time	Location
July 2	2:30 p.m.	Longwood Gardens (Kennett Square, PA)
July 3	6:35 p.m.	Washington Nationals pre-game show (RFK Stadium, Washington, D.C.)
July 4	11:45 a.m.	National Independence Day Parade (National Mall, Washington, D.C.)
July 4	5:45 p.m.	Annapolis 4th of July Parade (Annapolis, MD)

This year will mark the first time that a band and honor guard from the Republic of China (Taiwan) has performed in the Washington, D.C. Independence Day Parade, a rare honor illustrating the close, friendly relations shared by the United States and Taiwan.

It is the Band and Honor Guard's sincere hope that their American friends enjoy this year's performance as they join in celebrating the United States' 230th birthday and the spirit of freedom and democracy this great nation has brought to the world.

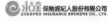

Coach Yang | 09

楊教練，有人在等你呢！

楊教練與太太孫玲麗還在談戀愛的那段日子，儀隊十二屆有機會躬逢其盛。有一次，孫玲麗來到北一女校園等楊教練下課，文靜地坐在樹蔭下。一分隊的孔令芬她們看見了，總愛拉高了聲音喊：「教官！有人等你下課呢！」楊教練一霎時臉紅了，這群頑皮的學生就覺得特別有趣，非常得意。

孫玲麗原是楊教練親表妹，戰亂之後在臺灣重逢時，孫玲麗只有五歲，只當楊教練是個大哥哥。直到十多年後，孫玲麗在中信百貨公司上班，楊教練在板橋高中教課，彼此再相見，楊教練開始在課後去接她下班。

兩人結婚時，北一女校長鄭璽瓊、樂隊畢學富教練還帶了儀隊十一屆總隊長李慧雲、儀隊十二屆總隊長于人瑞等，一桌子北一女學生代表出席道賀。

孫玲麗回憶道，嫁給楊教練時，他的經濟情況不算富裕，結婚項鍊、戒指才三錢黃金，楊教練對她說：「老婆，對不起妳，委屈妳了。以後我有能力的話，一定補妳」。後來，楊教練果然年年記得自己的承諾，每到孫玲麗生日，都不忘挑個首飾送她。

右上｜楊教練的婚禮，邀請了北一女校長鄭璽璸（左一）出席。

左上｜樂隊教練畢學富（左一）穿著大紅西裝，喜氣洋洋地參加喜宴。

下圖｜一桌子的北一女學生代表出席道賀。

孫玲麗說，楊教練若存了一點錢，自己總捨不得花，會留下來給她過生日，及孝順家中長輩。不過她最珍惜的，還是楊教練向她求婚時送的戒指，雖然只是小銀樓買來的，而且已褪了色，那個戒指到現在都還一直留著。

想了想她的丈夫，孫玲麗說：「跟他結婚三十六年，真的沒什麼好挑剔的。」

楊教練每年都會幫太太過生日，夫妻伉儷情深。

體育場炸彈驚魂

萬博舞台上的美好，並無力阻止檯面下的洪波，政情江河日下。一九七一年，中華民國在聯合國的地位由中華人民共和國所取代；一九七二年，日本與中華民國斷交；美國自一九七九年一月一日起與中華民國斷交，並與中華人民共和國建交。國家面臨外交史上前所未有的低潮。

一九八〇年，美國華僑主動與北一女教官室接洽，邀請樂儀隊赴明尼蘇達州水上節表演。為了讓樂儀隊能再次順利登上國際舞臺，北一女積極向外交部、教育部、臺北市政府等各公部門尋求援助，甚至託當時正就讀北一女的副總統謝東閔孫女代為請示副總統批准經費的可能性。

這個地方節慶經常邀請各國參與，是個突破外交困境的大好機會。為爭取中華民國在國際上的能見度，行政院長孫運璿同意補助經費。「校隊訪問」升格為「城市交流」，由外交部安排行程，臺北市教育局長黃昆輝擔任領隊，全團定名為「中華民國臺北市一女中友好訪問團」，行前由臺北市長李登輝親自授旗。

SKYWAY NEWS, AQUATENNIAL SOUVENIR EDITION, THURS., JULY 16, 1981, PAGE 59

The 115-member First Girls High School Band and Drill Team, Taipei, Taiwan, will give its first Aquatennial performance at 12:15 p.m. Friday, July 17, on the Northwestern Operations Center plaza, Third Street and Second Avenue South. The award-winning group is comprised of young women, who are chosen on the basis of scholastic records and good health and given musical training after their selection. Other appearances during the 10-day festival include both the Grande Day and Torchlight Parades and a special exhibition at Aqua Brass '81, a drum and bugle pageant at 7 p.m. Saturday, July 18, at Parade Stadium.

明尼蘇達州當地媒體報導，北一女中派出了
115 人的樂儀隊參加水上節。

出訪時，只要穿著外出服都要別上名牌。
17 屆總隊長詹美智特將名牌留存做紀念。

為了這第二次代表國家的重要交流，楊教練特別設計出嶄新的「一條龍」花式操槍隊形；北一女主任教官李家芸則帶領十七屆總隊長詹美智，為「宣慰僑胞」的民俗表演展開準備。雖有了政府部分經費補助，資源依舊有限，表演節目的成敗和所有準備工作，包括尋找更大的練習場地、民族舞蹈老師、租借各式舞衣、表演道具，仍須克服重重關卡。

密集訓練從春天到夏天，至少占掉大半個學期。參與的隊員大多選自高二儀隊和高三樂隊，那時，班上同學們正全心投入準備聯考，教室裡瀰漫升學壓力和讀書氣氛，團員們卻請了無數公假。幸好缺了的課程，老師願意熱心補課、同學慷慨幫忙做筆記，讓她們覺得很溫暖，也減輕了一點內心壓力。

六月中，外交部官員來做行前教育。時任外交部北美司副司長的章孝嚴，熟知美國異議分子活動與臺美情勢，隱隱憂心第一次出國的青年學子受到「不良」影響，便特地請黃傳禮（時任北美事務協調委員會駐休士頓辦事處處長）、鍾湖濱（時任北美事務協調委員會駐舊金山辦事處處長）兩位處長返臺。「那裡有很多臺獨分子，批評政府的不要理他」，他們這樣說。表面上是教西餐、外交禮儀，更重要的則是思想教育。其中，幾位團員有親屬在美國，學校教官不忘吩咐儀隊總隊長，須特別「注意」。

終於盼到出發的前一週，高三學生總

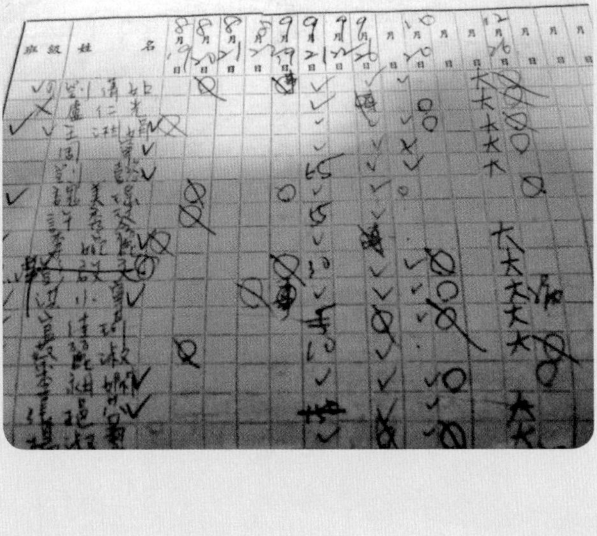

儀隊前十幾屆，總隊長最重要的任務就是出缺勤的管理，圖為訪美前練習的點名表，那是青春的一頁。

算考完聯考，所有人興高采烈準備啟程。沒想到，一九八一年七月三日居然發生了震驚國際的「陳文成事件」，從美國返臺探親的陳文成教授被警備總部人員帶走約談後離奇死亡，由於時值白色恐怖時期，事涉海外異議人士，此案引起臺美關係高度緊張。這群十七八歲的高中女生，無可避免地面對沉重的政治氛圍。

第一站抵達休士頓，表演前四周氛圍有些嚴肅，據傳表演的體育場中有人放炸彈，美警到處搜查，場外亦有為陳文成事件而來的抗議人士。臨開場，大隊忽然被要求國旗不能上，這突如其來的要求，讓詹美智錯愕又難過。幸虧國歌還是能演奏的。她們說，「在海外，國歌一奏下，自己內心慷慨激昂，也能感受到臺下觀眾的激動」，這種感受令她們都相當震撼。

國旗出現在美國遊行隊伍中。掌國旗者即為該屆總隊長詹美智。

表演行程安排得非常緊湊，每兩三天就要飛一座城市，時常早起晚歸，更有搭機遭遇嚴重亂流、水土不服身體不適的情況。即使如此，每一趟遊行、表演或集合練習，都不會有人喊苦埋怨，只要站到觀眾面前，必定精神抖擻、滿面笑容。在美僑胞聽聞有家鄉來的美麗隊伍，往往開車幾個小時、大半天地趕來加油；聽聞她們遭遇抗議人士為難，便號召僑胞在表演場外荷槍保護，或親自到她們下榻的旅館外守夜，學生們聽到了都很感動。

僑胞們的熱情，還不止於此。他們費勁地載了一箱箱當時臺灣難得嚐到的櫻桃、冰淇淋慰勞團員。有不少救國團青年或者美國留學生跟著隊伍，跑了好幾個城市。甚至，聽說有些僑胞是特為兒子挑選媳婦而來。為什麼會知道？因為他們向這些團員們留了聯絡方式，好維持聯繫。

崔麗心說，當時年紀輕輕，不那麼明白僑胞的熱情與激動，直到自己也旅居加拿大多年，才體會那種鄉愁，「光是聽到臺灣來的水果，就真的特地開好幾個小時的車去買。」一切跟臺灣有關的人事物，都是再親切不過。

為期近一個月的出訪，跨越美國七個州十一個城市，南起休士頓，行經鹽湖城、明尼阿波利斯，東至芝加哥，西往舊金山、洛杉磯，最後一站來到夏威夷。

崔麗心是第 17 屆的美麗隊長之一。

僑胞強大的凝聚力，更讓她們精湛演出添上熱度，表演場場轟動。她們人還在美國，就又聽說新加坡邀演的消息，回臺一週後，旋即飛往南洋演出。消息傳回臺灣，媒體輿論皆公認這是相當成功的國民外交，更奠定了北一女樂儀隊的歷史地位。而她們遠渡重洋，全心付出帶給僑胞們深刻感動，許多人數十年後仍津津樂道。

結束美星兩趟旅程，隊伍隨即在一九八〇年甫完工開放的中正紀念堂召開記者會，這是北一女樂儀隊第一次在中正紀念堂公開表演，由市長李登輝親自迎接隊伍歸來並表達慰問之意。北一女樂儀隊作為「中華兒女」的形象，在這一年攀上高峰，並成為國內學生儀隊的標竿。

黃昆輝報告訪美收穫

實質強中美友誼
宣僑胞團結向心

【本報訊】臺北市長李登輝昨日表示，臺北市一女中友好訪問團這次赴美國訪問受到熱烈的歡迎與熱忱的招待，尤其是受華僑與美國各界人士的重視與推崇，這是國民外交上的一項成就。

北一女中友好訪問團，於七月十二日出國赴美訪問二十六天，共訪問了美國十一個城市，正式表演三十二場，於昨天上午十時搭乘華航班機，載譽返國。

李市長昨天下午三時三十分，在中正紀念堂簡報室主持北一女樂儀隊訪美歸國記者會，由訪問團領隊臺北市教育局長黃昆輝報告訪美經過，會後並舉行樂儀隊表演，有數千名觀衆在場觀賞精彩演出。

李市長說，北一女訪問團此次應邀赴美訪問，由於他們健康快樂，而表現出良好紀律及優美姿態，證明我國今日教育是成功的，除促進國際友誼外，尤其對華僑有很大的鼓舞作用。

教育局長黃昆輝報告訪美經過時指出，英氣煥發的北一女訪問團，從美國東部到西部的演出，有如旋風般風靡了全美各地，除了讚賞她們純熟的技藝，更欣賞她們團隊精神及謙恭有禮的態度。

黃局長指出，這次北一女樂儀隊訪美，影響所及至少有以下收穫：

——這次訪問雖屬民間活動，但經由遊行、表演等方式，實質上加強了中美友誼。

——訪問團所到之處，僑胞雲集，不僅達到宣慰僑胞目的，更可以團結僑胞，激發愛國心。

——讓美國人看看我國教育成功之實例，且讓僑胞了解祖國新生代的新形象。

——由於成功的表演，使僑胞感覺親切，彼此毫無隔閡，讓僑胞與美國人能打成一片。

北一女友好訪問團成員包括樂隊、儀隊及隊職員共一百二十一人，由教育局長黃昆輝擔任領隊，北一女校長鄭玉祥擔任團長，教育局主管科長李成林爲顧問。

「中華民國臺北市一女中友好訪問團」回國，在中正紀念堂開記者會，當時的市長李登輝親自迎接。

楊教練和畢教練，當了一輩子的好朋友。

小楊與老畢

Coach Yang | 10

畢學富，北一女樂隊創隊教練。他比楊教練大六歲，兩人都是山東人，都是一九四九年隨著中華民國政府遷臺，分別出身國軍樂儀隊，然後，分別於一九五九年北一女樂隊創立、一九六三年北一女儀隊創立時，來到這座校園。北一女樂儀隊第一次出國赴日本萬博時，楊教練因為身為在役軍人、未婚，不得出國，畢教練就把他的責任也扛起來，樂儀隊一起帶。自第二次出訪，巡演美國十一大城市起，兩人合作無間，不管到哪裡，都讓學生們安心。

楊教練和畢教練，兩人性格全然不同，卻是一輩子的好搭檔、好朋友。學生們都說楊教練溫和親切，畢教練則較愛生氣、罵人很兇，其實都是待學生好的，只是表達方式不同。因此，十二屆的孔令芬就說，她們很愛逗兩位教練，看楊教練年輕、木訥又心腸軟，就愛故意跟他開玩笑，畢教練看著她們在那邊亂鬧、欺負楊教練，就會很生氣地瞪人，但又拿她們沒辦法，這群小女生看了他們那樣子就會很樂。

他們倆都愛抽菸，趁練習的空檔，常常躲到學生看不見的角落抽菸閒聊。鄭顆澧聽楊教練說，當年還曾幫著畢教練追畢師母呢。

在一九七八年，綠門消聲匿跡之前，那一帶不僅藏著小綠綠們的青春，也有著楊教練與畢教練的壯年風景。

暑假時，不少訓練時間都在上午，楊教練和畢教練常常在結束後一起到綠門吃個午餐，然後再閒晃到國軍文藝活動中心跳舞，這就是他們最喜歡的休閒活動。平常那樣直挺挺的教練，居然也愛跳交際舞，聽說還跳得很好。兩人也愛看電影，沒跳舞的下午，常結伴到西門町去看電影，楊教練還將電影宣傳單留了好多下來收藏。

二〇〇八年八月十四日上午，畢教練辭世。相識逾五十載，那一日，楊教練坐在綠園的長椅上，絮叨著一幕幕他的往事。

曾經友誼熱絡的南非

北一女儀隊第三次風光出國，是在一九八六年，到了當時許多人只在地理課本上讀過的鑽石王國——南非共和國。

約翰尼斯堡是南非經貿大城，時逢建市一百週年市慶，擴大舉行國際嘉年華會。南非來函我方外交部，邀請友邦共襄盛舉。曾有兩次國際舞臺經驗的北一女樂儀隊，再次受到外交部青睞。

出訪經費，由兩國政府各出資一部分，外交部協同安排，臺北市教育局指導，行前並由臺北市長許水德親自授旗，全團以「臺北第一女子高級中學慶賀南非約堡建市百年慶典訪問團」名義，由北儀二十一屆代表出訪。

對南非而言，北一女到訪意義重大。該國自一九四八年起實施種族隔離政策，其時正遭國際嚴重杯葛，在外交情勢上深陷困局；八〇年代起，境內風起雲湧的抗爭更是不斷。當時有些學生家長對出訪是深感疑慮，幸而南非當局以邦交國貴賓禮遇，公開行程派有正式隨扈，沿途保護。趁著約堡市慶，雙方鞏固外交之意濃厚。

上圖｜黑人表演團體在有種族歧視的南非相當難得一見，北儀隊員特地與他們合照。

下圖｜國際嘉年華會中，北一女儀隊表演大獲好評，被挪到壓軸演出。

因而，這也是北一女樂儀隊歷屆出訪中，受到邦交國政府禮儀接待，最高規格的一次。

訪南非期間，北一女的學生們都被安排住在「寄宿家庭」。每天派車接送她們前往學校或表演場地，餘暇則安排行程參觀中華民國駐南非大使館*，及川斯沃省省長官邸*。

學生們兩兩一組被分配在一個寄宿家庭，幾乎都是白領階級的白人家庭，家境富裕，不少家庭還有家僕，多由黑人擔任。表演之外的其他時間，她們與「Home 爸」、「Home 媽」及他們的子女共同起居。同學們難得能深入當地生活，彼此會分享不同的有趣體驗。二十一屆的夏國安就說，她是第一次看到黑人、第一次看到部落原住民，也第一次知道有錢的白人家中可以有游泳池，還有一艘私人遊艇，假日就一起乘遊艇遊河、吃 BBQ。隨隊的北一女

為了祝賀約翰尼斯堡建市 100 年，楊教練特地設計「愛心」與「100」圖形。

約翰尼斯堡建市 100 年市慶，舉辦國際嘉年華會。葡萄牙表演單位很欣賞北儀演出，在嘉年華會結束前，特地送上蛋糕致意。

教官楊正明也聽學生分享過，寄宿家庭帶她們到山上別墅度假，光從別墅大門開車，到見到建築物就要二十分鐘，屋裡還以貓眼石鋪地板。諸多的第一次，為這群女孩帶來不一樣視野，更對異國文化與彼此結下的珍貴友誼有著深刻感受。

讓夏國安印象深刻的是，由於官方派到南非「宣慰僑胞」的活動非常少，當地華僑知道有臺灣的隊伍要去，都特別熱情與激動地夾道歡迎，或陪著遊行走完全程。

當時在 Ellis Park 舉辦了為期七天的國際嘉年華會，有世界各國的表演團體參與。北一女的節目起初是安排在前中段，但由於表演深受觀眾喜愛，獲得熱烈迴響，主辦單位便將北一女樂儀隊的表演挪至最後壓軸演出。連駐南非大使楊西崑都對她們說，「妳們來訪一次，比外交部花錢做了許多努力還有成效。」新聞媒體報導熱烈，是非常成功的一次國民外交，讓許多人都認識了臺灣。除了儀隊表演，學生們還帶去七仙女舞、邊疆民族舞，及一首經典〈茉莉花〉合唱。另外，也特別準備南非民謠，學了幾句南非問候語，讓當地民眾倍感驚喜。不論表演或生活禮儀，都屢獲好評，被讚譽為「中華民國外交女大使」。

隔年，曾在南非接待北一女學生的林頓（Linden）高中與北景（Northview）高中兩所學校來臺訪問，特地回訪北一

每回出國訪問，學校都會特別為隊員訂製外出服。南非參訪的粉紅色套裝，有別於綠色隊服的帥氣，顯得嬌嫩。

女，儀隊由二十三屆接待，雙方再度交流演出。

中華民國與南非共和國的外交關係，自一九四九年一直延續到九〇年代後期。

一九九六年十一月，臺北市舉辦國際樂儀旗觀摩賽，包括南非、美國、新加坡、韓國、薩爾瓦多等國，都有派隊伍參加。各中學分配接待外國學生，北一女再得機緣接待來自南非的樂隊。然而，南非竟隨即在隔年元旦宣布，將於一九九八年與中華人民共和國建交、與中華民國斷交。當時接待南非學生、才結交良好友誼的儀隊三十二屆鄭穎澧就說，這消息讓她們非常錯愕。

＊當時是楊西崑擔任大使。

＊約翰尼斯堡市所屬的川斯沃省（Transvaal Province），該省於一九九四年行政區重劃後已不存在。

約翰尼斯堡百年市慶，北一女儀隊在市區遊行。

兩岸四十年來第一次

兩岸隔絕四十多年後，北一女樂儀隊第一次有機會踏上對岸的土地，是在一九九二年。

這一年，李登輝總統宣布自五月一日終止「動員戡亂時期臨時條款」。同年八月分，北一女儀隊二十七屆以「學生交流」的名義，出訪北京、上海、南京三地。

第一場表演，是在北京的五洲體育場，樂儀隊已進場預備了，觀眾席卻仍鬧哄哄。儀隊隊員們見狀，很有默契地用力做出第一個動作，讓落在地板上的「槍響」氣勢震懾所有人，頓時全場無聲，眾人靜悄悄地從頭看到結束。

上海的南洋模範中學，是令人印象最深刻的表演場地。碎砂石地不僅塵土飛揚，好幾個必須用力跪下去的動作，也讓女孩們的膝蓋都給小石子磨得傷痕累累，然而，為了呈現完美，她們毫無猶豫。

前往南京謁中山陵，是北一女樂儀隊此行最重要任務。儀隊當天並無演出，只以樂隊奏樂來傳達所有敬意。

此次派出北一女樂儀隊出訪的中華民國，希望傳遞「自由中國」的優質印象，中華人民共和國熱情的歡迎中也不無「統戰」意味。因為知道北一女是臺北最好的女子高中，從北京最好的幾所高中之中遴選出數十位優秀學生，接待北一女遊訪名勝古蹟，也進行了幾場如書法、繪畫一類的學生表演賽。對方參加表演賽的每一位學生，技藝都非常純熟，北京學生與北一女學生熟識後才透露，他們都是經選拔並受過數個月訓練，才有如此成績。

正巧當時，巴塞隆納奧運正在舉行，當地的新聞台每天都在轉播即時成績，他們總會在「我國又奪下……面金牌、銀牌」之後加上一句「而中華臺北只有……面」。

原來，北一女的第一次到訪，讓他們舉國上下非常敏感，對於北一女相關的消息，不得不

上海南洋模範中學的表演場地是碎砂石地，
讓女孩的膝蓋是磨得傷痕累累。

報導，卻又怕那自由民主的形象動搖了十一億人民的心。在這樣隱含特殊政治意義的氛圍下，兩岸下一代知識分子的第一次交會，北一女樂儀隊以她們的自律、精湛表演，以及友善態度，在交流的北京學生心中留下好印象。

於上海虹口體育館的演出，上、中、下三張圖，可分別看出「北一女」三個字。

上圖｜訪問北京清華大學。
下圖｜儀隊隊員一遊〈楓橋夜泊〉詩中所提的寒山寺。

老教練與小教練

楊教練帶北一女儀隊這麼多年來，還曾為隊上悉心安排了兩位小教練。

第一位小教練，是戴鴻堯教練。

戴鴻堯是陸軍儀隊四十八期學員，在楊先鐸帶的「操作一分隊」受訓。楊先鐸底下有四位訓練班長帶學員，他平時雖不直接管理學員，仍默默觀察整個分隊，對每個人的表現是心中自有譜。不過，陸軍儀隊由各組長輪流操課，因此戴鴻堯與楊教練之間很少互動。

戴鴻堯退伍不久，巧逢有人請楊教練召集一支退伍陸儀的民間表演團體，戴鴻堯加入集訓，才和楊教練結下師徒情誼。楊教練有意培訓戴鴻堯成為學生儀隊教練，於是先安排他從比賽及表演壓力較小的新北市（時為臺北縣）學校教起，慢慢累積經驗。

一九九〇年，楊教教練才把戴教練找進北一女儀隊，幫著修基本動作和槍法，自己則專注在隊形設計。一九九〇到一九九七年，師徒兩人合作七年，有著良好默契。

楊教練對戴教練的基本動作訓練相當讚賞。北儀二十七屆出訪北京的第一場表演，觀眾聽到隊員鞋底與地板摩擦發出嘰嘰聲，即便樂隊同時演奏仍清晰可聞，這代表轉法動作扎實，讓楊教練津津樂道了好多年，戴教練也認為這是自己進北一女儀隊的重要貢獻。

上圖｜常戴著大墨鏡的戴鴻堯教練（右一）與楊教練、畢學富教練（左一），難得三人共同與學生合影。

下圖｜楊教練與戴教練（右一）師徒兩人合作 7 年，常常在比賽時獲得好成績。

戴教練在跟著楊教練帶隊的過程中，也領略不少「心法」。印象深刻的是一九九二年國慶，在總統府廣場表演時有人不慎掉槍，第二天某報頭版標題就是「北一女表演掉槍」，再加一張「掉落在地上的槍」大特寫，其他一律略過不提。這經驗讓戴教練思考，好的表演不一定非要有高難度槍法，因為一點點失誤就可能抹煞團隊所有努力。從此，他不再在意槍法難度，著重在讓隊員領悟動作技巧，並加強團隊基本動作。

第二位小教練，是鄭顆澧教練。

北儀三十二屆的鄭顆澧，在校時是二分隊黑槍隊員。她還記得，楊教練就是儀隊裡專責排圖的老教練，也是一位有點嚴格的爺爺。那時只管把自己的槍練好、帶帶學妹，另外功課要顧，就已經占去大半心思。

大學時，常回學校探望學妹，才漸漸和楊教練熟稔了起來。由於她自己的爺爺，才在她高中畢業前逝去，她便把楊教練當成自己的爺爺般敬愛。

鄭顆澧會成為儀隊教練，其實是意外機緣。她因為常回北一女，有回國慶表演缺人，楊教練就找她去替補一個位置。後來，適逢有學校新成立儀隊欲聘請楊教練，但楊教練實在忙不過來，心下想，若帶新隊伍必定要找助手了，而鄭顆澧就在此時成為助手人選之一。

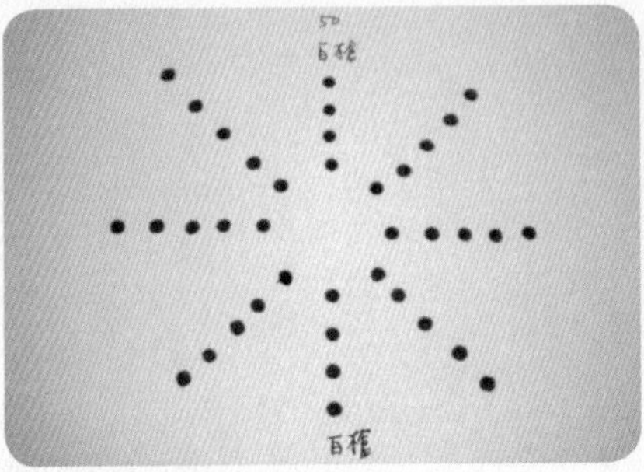
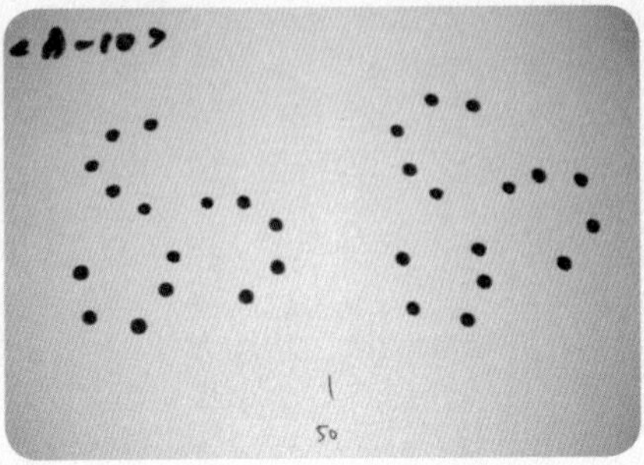

鄭顯澧教練的隊形手稿，盡得楊教練真傳。

鄭顯澧跟著楊教練許多年，從工作小助手，「升格」為貼身小祕書。跑過一間又一間學校，跟著修動作，也跟著畫隊形圖。她的隊形手稿，還真的像楊教練一個模子刻出來的，只差筆劃間多了女生的可愛。

得到楊教練真傳的她，也幫忙訓練校友儀隊。那些熱情的學姊，不顧自己的家庭庶務、繁忙工作，或是有什麼歲月留下的舊傷，更不辭辛苦地跨洋請教。鄭顯澧帶著一群學妹拍了槍法示範影片，傳給北美學姊看著學，終於不枉費大家的付出與熱情，各地校友儀隊一個接著一個成立。

後來，鄭顯澧訓練了北儀四十一屆學妹徐琬婷，讓她從助理教練一路學習，直到自己獨當一面，將楊爺爺的儀隊精神再散播出去。

楊教練費盡大半輩子，精心設計的華麗隊形；考量學生及女孩子體能，費心改良的槍法技巧；及更難以言說的，是那一份楊教練精神，終於有了傳承。

美國玫瑰花車遊行

北一女儀隊參加過兩次美國加州帕薩迪納市的玫瑰花車遊行，都是由旅美校友主動出力促成。

玫瑰花車遊行，是自一八九〇年起舉辦的大型新年慶典，每年都會邀請世界各國參與。遊行隊伍有幾十輛大型花車，用大量的玫瑰花與各式花卉裝飾得光彩炫目，好不繁盛，因此總能吸引到各地遊客，許多人不惜守夜占位也要欣賞到。

一九九六年一月一日的加州帕薩迪納市玫瑰花車遊行，由儀隊三十一屆代表出訪。當年度遊行主題是「愛與和平」，遊行上不能拿槍，當時北一女旗隊還沒有成立，於是從儀隊中挑選，成立一支遊行的旗隊。

第一次參與玫瑰花車遊行，要在冷天裡大清早走好幾公里，大家平常很少有這樣的經驗。三十一屆的總隊長蔡馥光印象很深刻，能夠練習長途遊行的場地不好找，當時北二高還沒蓋完，其中尚未通車的一段，破例開放讓她們去練習。

距離一九八一年訪美，已時隔十五年，許多僑胞和儀隊校友看到消息都特地趕來，帶著一家老小漏夜排隊，只為了看一眼儀隊學妹遊行。當時洛杉磯臺美商會會長顏樹洋和石正暖、石純惠三位，在觀禮台貴賓席等候北一女樂儀隊，並發放寫有「北一女」的綠色三角旗給觀眾，讓支持北一女的陣容顯得更盛大。

當天晚上移師至體育場表演，北一女儀隊擔綱壓軸。儀隊十三屆蔡之雲到場支持，她回憶道：「啊！那天槍法表演得好棒喔！都沒有失誤，大家都一直鼓掌。」而且，她還記得到最後，主持人對著全場說：「在場所有北一女的校友都站起來！」那時的興奮與感動至今難忘。

然而，本次訪美的新制服完全沒印製國旗，這是自一九七六年儀隊制服加上國旗後，時隔二十年，國旗才又從制服上消失。其中原因，並沒有人正式地清楚向學生們解釋。

一九九六年三月，中華民國舉行第一次總統公民直選。中華人民共和國自一九九五年以來，進行多次軍事操演，被視為臺海飛彈危機。

十七八歲的小女生，承受著莫名沉重的打壓。為了避免紛擾，學校教官交代旗官，國旗到演出前才能拿出來。在她們的謹慎下，國旗終究得以在遊行中亮相。

右上｜主辦單位分發給隊員的識別證。

左上｜在參加 1996 年的美國花車遊行前，樂儀隊拍下這張出發宣傳照。

下圖｜花車遊行的觀眾，熱情搖擺著僑胞發放的綠色三角旗，上面寫有「北一女」字樣，支持陣容盛大。

二〇〇一年，北一女再度接到玫瑰花車遊行邀請，原打算派儀隊三十八屆出訪。遺憾的是，當年發生震驚全球的九一一事件，校方考量學生安全等各項因素之後，拒絕了邀約。

二〇〇四年，北一女校方再度申請參加玫瑰花車遊行，但過程幾經波折。儀隊第一屆的梁蘭蓁得知消息，心中思念母校與儀隊，主動與幾位美國僑胞接洽幫忙，終於幫樂儀旗隊爭取到二〇〇五年元旦參加遊行的機會，由儀隊四十一屆出訪。

受前幾年的美國九一一事件影響，當年的主辦單位希望訴求和平，要求儀隊遊行時不要拿「槍」。於是，她們特地訂製了白色小木槍，上面還印有玫瑰圖樣，

2005 年赴美，學校特別訂製木箱來放置樂器與表演槍，還特別加裝輪子方便推移。

看起來像是表演道具，不易招致誤會，才獲得通融。

二〇〇五年的遊行機會，得來比上回更不易。在時代氛圍的變遷下，能夠將臺灣精神帶到國外的民間團體更多元化，樂儀旗隊已不再是「國家級代表隊」，難有政府經費補助。校方只能趕忙向各方募款，教官、家長、校友、隨隊老師等都熱心幫忙，才得順利成行。

離前次拜訪加州，又隔九年，美國校友與僑胞對小綠綠的思慕之情，就像迎接久未相見的親人，不僅遊行時夾道熱烈歡呼，樂儀旗隊在美期間，也非常熱心地沿途照顧與款待。

遊行途中，觀眾的反應非常熱烈，四十一屆徐琬婷說，還有隊友聽到有人直接用中文喊「北一女嫁給我」之類的告白，讓她覺得非常有趣。

北一女儀隊數度赴加州演出，彷彿是因每一次到訪，都留下了一點意義在那裡。下一次回到那塊土地上，又會牽動某些記憶。

以自己的力量，找到自己的定位

九〇年代末期，兩次組成小隊出國，表演成果都受到駐當地外交人員的肯定與感謝，他們都說，北一女樂儀旗隊的一次到訪，勝過他們在當地好幾年的努力。

一九九八年，儀隊三十三屆受東京銀座祭之邀，到長崎的豪斯登堡進行小隊演出，再到東京銀座季參加遊行與表演。一九九九年，儀隊三十五屆則是赴英法參訪表演，此行經倫敦、格拉斯哥與愛丁堡，並安排幾場小隊遊行和愛丁堡軍樂節外圍小型表演，而後參訪法國。

然而，這兩次表演，之所以只能推選一小部分隊員出訪，皆由於經費限制。這兩年，可以說是北一女儀隊隊史上，出國表演型態改變的分水嶺。自此之後，邀演幾乎都來自民間，或者由校方提出申請；政府單位幾乎不再撥款，經費因而必須由邀演單位、校方或學生自行負擔。

對這支以「榮譽、紀律、責任」為宗旨的隊伍而言，這是一種矛盾。團結是她們最引以為傲的精神，出國爭取榮譽更是她們的心願與責任，這一個矛

右上｜1998 年，儀隊 33 屆赴長崎豪斯登堡進行小隊表演。
左上｜愛丁堡軍樂節表演前，大隊在城門前走道等待彩排。
下圖｜1999 年，儀隊 35 屆在蘇格蘭最大的城市格拉斯哥演出。

盾，她們留在了心中。二〇〇七年，儀隊四十三屆應邀前往英國愛丁堡軍樂節演出。

愛丁堡軍樂節自一九五〇年開始舉辦，是世界上最富盛名的軍樂表演，年年吸引數十萬觀眾購票入場，並約有數億人觀看全球轉播，因此主辦單位對參與表演的團體，審核相當嚴格。

據當時擔任北一女儀隊教練鄭顆澧說，二〇〇五年和二〇〇六年，軍樂節的主辦單位曾兩次來臺，在儀隊隊員不知情的情況下觀賞北一女表演，第一次，他們看了北一女之後，再去看了三軍儀隊；隔年，再來看北一女，當場就定案發出邀請。

愛丁堡軍樂節是世界上最富盛名的軍樂表演，每年會有數十萬觀眾購票入場。北一女樂儀旗隊受觀眾喜愛，主辦單位製作此圖的明信片致贈隊員。

為期一個月的表演，行程相當緊湊，學生被安排住在學校宿舍，每天的行程是滿滿的排練與演出，不過滿場觀眾熱烈地歡呼，讓她們深受感動，主辦單位讚譽她們的表演為「送給英國女王的禮物」。

這一次，是北一女樂儀旗隊第一次以她們精湛的表演藝術站上世界舞臺，不再帶有政治色彩，不再只為「為國爭光」，在轉型的世代裡，她們終於以自己的力量，找到了自己的定位。

這支已成軍逾半世紀的隊伍，其中只有十多屆有機會跨足海外。然而，半世紀以來，每一位隊員的踏實付出與努力，才是這支隊伍真正值得驕傲的原因，才帶來每一次爭取榮譽的機會。

超過半世紀，約五千位團員，她們用自己的一步、一踏，道盡了無限風華；榮光底下，她們所踩踏出的，是歷史的刻痕，是一條有生命的美麗道路。

Coach Yang | 12

爺爺想見女兒的心願

隨著歲月累積下來的年節卡片、逐年增加的留念合影，楊教練收到了好多，都一本本、一箱箱好好收藏著。學生們時不時回來探望他，教練總會問問她們近況，「念大學好不好玩？有沒有好對象？家裡小孩子多大啦？」這些像家人一般的晚輩，讓他放不下。

「士林高商的儀隊教練結婚的時候，以前畢業的都回來了，用禮刀和禮槍歡迎教練進場。」「臺中女中儀隊都有隊員重聚活動。」楊教練與學生閒談時，時不時叨念著。四十一屆的周漢樺聽了兩三次，突然聽懂了，教練始終沒有明講的是，「我也想念以前的學生了，哪一天能把她們找回來？」

周漢樺找來同屆的俞又文、陳彥妤、楊宜靜和徐琬婷，幾個人開了會，決定為楊教練達成這個心願。「不管後續多麼複雜，反正這件事就是辦定了！」

楊教練不再像以往那般硬朗，開始偶爾會生點小病，嗓門不像從前那麼大聲；他膝蓋痛了，在考慮要不要換個人工關節。楊教練半輩子為北一女儀隊付出，那些小女生都放在心裡。

北儀 40 多年來首次重聚，校友熱絡回應，大家都想來看看她們的教練。三位前後任的退休校長也出席了，上圖前排由右至左，分別是陳富貴校長、鄭美俐校長，以及 2007 年當屆校長周蘊維。

最後一個拉一個，工作人員幾乎動員了整個四十一屆。這些剛畢業沒多久的小女生，勇敢地把北一女儀隊四十多年來首次校友重聚活動辦了起來。二〇〇七年，十二月一日，在圓山大飯店，席開六十二桌，將近八百名校友出席。

「讓我們歡迎這次活動的主角，也是為什麼辦了這場活動的原因——楊先鐸教練！爺爺！」在歷任校長及籌備幹部簡單致辭後，活動來到了高潮。尖叫聲幾乎掀掉了圓山大飯店的屋頂，每一張臉上都是激動興奮的表情。楊教練上臺，以他依然未變的山東腔和大家打招呼，說了聲：「我好想妳們！」臺下尖叫聲不斷，有些人甚至忍不住紅了眼眶。

大家依分隊位置跟楊教練合影，搶著和他交談。每個人楊教練都記得，有的叫得出名字、有的還被他取過綽號，從他濃濃的山東口音中又叫了出來，還跟當年一模一樣。

重聚前拍攝的宣傳影片中，有人問楊教練，為什麼年紀這麼大了，還是要教下去？教練的回答，說出了他半世紀不捨的原因，「北一女學生好強、聰明、努力，她們太可愛了，我實在捨不得。」看著她們，就是他教下去的動力。

楊教練，再見了

二〇一一年，七月三十一日，雷陣雨。

「這陣子，該是炎夏，我那兒的天空卻少掛驕陽、常蒙陰雨，望著濕漉漉的窗外，就會想起回頭看楊教練的最後一眼。」

前一年秋天，一個星期六上午，毛毛雨，黃曉露回到那座校園，闊別了四十多年的北一女校園。有幾座樓斬去，又有幾棟樓生起，操場已經不再漫天飛沙。「不知楊教練變了多少，他會有興趣見個不會轉槍的歐巴桑嗎？」她急急踏過光復樓旁能往活動中心方向的蔥鬱小徑，夾道小樹都成了濃蔭大樹。

還是老樣子，瞇瞇眼，黑黝黝的，多了一條紅圍巾。

她開口就問，「教練，還記不記得我們第一屆的隊員啊？」

「那當然記不得了。」

不過第一屆的她們，對楊教練來說是特別的。那年老愛鬧得他莫可奈何的一群年輕女孩子，如今回來都成了朋友。

教練抓著黃曉露的手，「來來來，我們坐下來聊。」那是他的起點，也是他一直一直走到終了的原點。

前兩年，也是一個星期六，下午，與黃曉露一樣旅美多年的孔令芬回到母校。豔陽還是照耀著楊教練的身影，令人熟悉的口音，「一、二、一、二……」在操場上迴盪著。她彷彿回到清湯掛麵的年紀，仔細定神了下來，卻聽見學妹們已是喊著「爺爺、爺爺」。

歲月，理應在誰身上都留下一些痕跡，但在她的「教官」身上，怎麼也看不出來。

還是走到了原點。她想著楊教練這一生，感到很欣慰，覺得他還滿幸福的，做自己喜歡做的事情，全心全意地奉獻。

教練直到最後都在操場上，指導著學生。李少英說，「如果不是這樣，我會更難過。」如一個軍人將生命奉獻於沙場，這是一種完美。

二〇一〇年五月，梁蘭蓁請楊教練的一頓謝師宴，是在臺北車站樓上一家簡單的江浙館子。要不是前幾年，幫著小學妹籌措玫瑰花車遊行赴美事宜，原已四十年不見楊教練，那次機場道別後，想著不知何日再聚首，梁蘭蓁還獨自在家痛哭了一場。後來，因工作關係增加了返臺次數，得教練和小教練全力支持與幫助，南加州校友儀隊終於艱辛草創。這一個因緣際會得來不易，原本打算好好地請他們吃一頓飯，當年記憶裡的小助教、以及幫著校友隊許多的楊教練，和鄭穎澧小教練。

只惜天色晚了，他們匆匆而就，梁蘭蓁還說這頓謝師宴實在太怠慢了。楊教練說，有這份心意常來看他，他就高興了。臨別前，她向前輕輕地擁抱他一下，「教官保重，教官再見」。他一定是不習慣這種洋式道別，有點緊張，回過神來、笑了笑，緊緊握著梁蘭蓁的手說，再見、再見。

楊教練還期待，一手拉拔出來的女孩

2010年，梁蘭蓁（右二）回北一女，與楊教練及學妹鄭穎澧小教練（左二）等人留下了這張合影。

子，有的已成祖母，她們重新在地球的彼端綻放異彩，隔年的校慶大夥兒都要回來。

這一年雙十節，楊教練站在總統府前。李佳芳一大清早地趕到，是無比懷念的空氣，她想著找到一女中儀隊拍照。旅居澳洲許多年，已不知是青澀高中歲月的幾倍之多。遠遠地一看過去，在嘉賓、僑胞、表演隊伍等一堆人之中，「是楊教官」，很挺很挺，這樣挺拔的身姿，數十年沒有一點折損，還戴著墨鏡，但她一眼就能認出來。直直地走過去找教練說話，楊教練當然還認得她，兩人照了一張相，那是李佳芳跟楊教練最後一次講話，最後一張留下的合影。後來，她跟詹美智談到楊教練，都說這人是鐵錚錚的漢子，永遠那般挺拔，皮鞋擦得亮亮的，連墨鏡都是光耀晶亮的。

二〇一〇年，冬，校慶。天氣反常地燠熱。

儀隊校友隊回到母校表演，這是創舉，各大平面與電視媒體聞風而至。採訪之中，應記者要求，儀隊校友隊與楊教練拍了張團體合照。

幾聲喀擦，快門閃畢人們匆匆散去。臨離開時，楊教練喊了張立群一聲，「妳還在記著我以前把妳罵哭的事情嗎？妳要知道我是愛妳的呀！」

她聽得一愣，因為教練從來不說那樣溫馨的話。

這天，她們有很多人回去，大大小小的，是為了去看儀隊表演，也是去看楊教練。張迎真、許海雯、柴美筠、梅華軒……，一個個拉著楊教練，都搶著跟

上圖｜2010 年校慶，18 屆 4 分隊長許海雯（左）自美國回臺，邀請同屆總隊長張迎真（右）一塊兒返校探望楊教練（中）。

下圖｜23 屆 1 分隊柴美筠印象中，以前楊教練是嚴肅的，在 2010 年校慶遇到他時，聽見學妹們喊爺爺來爺爺去的，忽然覺得他變慈祥了。

他拍照，彷彿他是個大明星。

楊教練又開始忙著督導學生表演。一陣又一陣，熱熱鬧鬧地。張迎真說，楊教練看起來有些疲倦，但很開心。

校友隊表演完，張立群原已打算離開了。但向來站在團體照側邊也不以為意的她，這天，卻忽然還想等著教練單獨合照一張。

那日的冬陽太豔了。穿著厚實儀隊制服，等待時間特別漫長。張立群幾度想說，算了，明年再來吧！但總有一縷牽掛，促著她繼續等下去。她來到楊教官最常休息的那個樹蔭下，坐著。

想起那日楊教練把她罵哭，是畢業前夕最後一次集合，其實當天沒有練習，彷彿誰也不該有什麼錯事，卻很反常地，張立群老是挨教練罵。她心想平常那樣調皮搗蛋，教練都不曾動怒，怎麼無緣無故，兩年來第一次這麼嚴厲呢？強忍著眼淚回到教室才痛哭一場，同學安慰她說，「楊教官其實是捨不得妳，不曉得用什麼方式表達，才這樣責備的。」

「咦？妳怎麼還沒走？」她驚喜地聽到熟悉的口音時，已經近午了。恰巧記者也圍上來，她央求教練給她再教一招持槍拍照動作。楊教練應了她的要求，依舊有力的手，俐落地就把她的手挪到槍的固定位置上，留下了她心願中的一張合影。

他們是多麼幸運地留下這張合照！讓人欣慰。

想那一日，黃曉露第一次與楊教練對坐暢談，一聊就兩個小時。她看他開始咳得多了，才起身告辭，一直走到出了校門，才驚覺忘了照相。猶豫了一下，她心想打擾教練已經太久了，「十多個月後再來吧！」。那時，南加州儀隊校友已經預定隔年的校慶返臺，她，和梁蘭蓁，大家一齊，到時大夥兒一定可以拉著楊教練熱熱鬧鬧照一通。

可是那是唯一一次，如果知道，再打擾久一點，也是可以的吧。多希望可以如願以償。

第 4 屆張立群，畢業 40 年後首度以儀隊校友隊的身分回母校表演。表演後，記者正在採訪楊教練。

他在毛毛細雨中，圍著紅圍巾，沒有戴帽子，指點著小綠綠。這是她回頭看的最後一眼，這畫面替代了一張合照，留在了她心上。

二〇一一年，二月。農曆年節，張迎真人在日本，陳世莉傳來了那訊息，說是在新聞上看到的，她直覺得怎麼可能，怎麼可能呢？那時大家都還與教練有說有笑。他離去的這個消息，來得如此突然，沒有人有一點心理準備。

「爺爺告別式那天，我正好在考研究所，帶著我為正式場合第一次買的黑色套裝。寫完最後一張考卷，我騎著機車趕過去。」陳雅惠說。

到了那兒，她聽見隱隱發出的是從沒聽過的哭泣聲，那是一種極度壓抑的啜泣。她說那是因為大家都知道，楊教練不會想看到她們哭。

夾道兩旁，聲音從最前端開始傳向後面，黑壓壓一片，謝謝教練，教練再見，教練慢走，教練辛苦了。謝謝爺爺，爺爺再見，爺爺慢走，爺爺辛苦了。一陣陣就像海浪。

通常練習完，女孩們會大聲地喊「謝謝教練，教練再見，教練慢走，教練辛苦了」。這習慣大概是從北儀中生代定了下來，所以她們有的會喊教練，有的會喊爺爺。

「想起來，那是我唯一一次對教練說再見，跟大家一起那樣喊，跟教練道別。」查慧瑛說。她當隊長時，在大隊結束練習後，會陪著教練在大家的道別聲中離開，一直送到他出校門，所以沒有那樣的機會。

張心宇流著淚，她不甘地想跟著大家一起喊，卻沒有辦法，她必須扮演好禮兵這個角色。廖子雅則是怕自己太過難過、太過無法接受，自願去當工作人員。周漢樺說，「彷彿爺爺給我們的每一個任務，都是讓我們再次團結的契機，這次也是。在我們的心中，他，從未離去。」

謝謝教練，教練再見，教練慢走，教練辛苦了。謝謝爺爺，爺爺再見，爺爺慢走，爺爺辛苦了。傳到最後都只剩下一句，不知是從哪裡開始、哪裡結束。

她們聽說，楊教練最後一次帶大家練習，下著雨，他就在雨中陪著大家。總是這樣，年復一年，大家曬著太陽，他就曬著太陽，大家淋著雨，他就也淋著雨，大家只要站著，楊教練就不會坐著。有北一儀隊在的地方，就有楊教練在，出隊不管走了多遠，楊教練都會一起走完。

只有那次，胡毋意去學校看他，在凜凜冷風中，教練拉了把椅子坐下，遠遠地看鄭顆澧帶學妹們訓練。他淡淡地說，他感冒了。那天晚上，楊教練住了院，沒再出來。

「我想把美好的記憶放在心裡，就夠了。」詹美智說。有的人排著隊，向楊教練最後一次致敬。但是有的人，到最後，始終不捨在那個場合再看看他。「他不應該是在盒子裡的，」陳雅惠的話，說得很隱蔽。「想起他來，就是該陪我們在操場上。」

二〇一一年，溽夏，雷陣雨。追思會。

在未來的日子之中，對於楊教練的走，我們誰也沒有多提，知道大家是沒有辦法，其實，就連問出口，也很不忍心。那件事情彷彿只是一個瞬間，所有的過往點到此處即止，無情亦是深情。

那是我們心中共同記憶的原點，不論人們身在哪兒，都會回去；在生命圓滿之前，無數次追尋與返赴的路徑，或許彎彎繞繞，但只要青春留在那裡，人們就有了歸途。

2010 年校慶上，楊教練督導著儀隊表演。

ADDENDA

附錄、年譜。

V

北儀直擊搜祕

Q：北一女儀隊為什麼這麼神祕？

A：北一女儀隊一點都不神祕，常常公開露面啊！北一女儀隊雖然有著響噹噹的名號，其成員也都是一般的女高中生而已，除了每週幾個時段的訓練以外，其他時候都跟一般高中生一樣上課、讀書，偶爾溜去附近吃冰、閒晃等等（這時她們多半會穿著綠制服）。所以，除非穿上儀隊制服，不然，你很可能是認不出她們的。

Q：聽人家說，北一女儀隊好像很多美女，真的嗎？

A：當。然。沒。錯。（怎麼可能滅自己威風呢）

理由一：儀隊早期是要選身高的，很多人看上去都像名模般有著九頭身（或只少一點點）的完美比例呢。

理由二：練習練得勤，身材想走樣也走不了。

理由三：根據非官方消息指出，儀隊甄選真的有某種程度是選美啦！

Q：哪些人可以參加儀隊甄選？

A：只有兩個條件，身高超過一百七十公分和成績平均九十分以上。（假設這樣，大概湊不到兩個分隊的人數吧。）認真來說（咳），身高和成績門檻，依實際情況調整。成立之初，大約是身高一百六十公分左右，成績平均八十分以上（通常落在全班前三分之二到一半名次）；據說，早期大家身材普遍比較嬌小，所以身高到達門檻的人，反而比成績通過的還少呢。後來，因為社團選擇變多了，順應潮流，入選標準漸漸放寬，現在幾乎只要有心，就可加入，挑戰自己。

Q：為什麼會想進儀隊？

A：這問題就像，為什麼想考上臺大？為什麼職棒選手想前進大聯盟？道理是一樣的。我們都想追求卓越。入選儀隊可是威風凜凜，又帥氣，又有出國表演機會，想像著增加國際觀、結交外國朋友等等，有多大的吸引力，尤其早年又不是輕易就能出國啊。當然也少不了像是表演可以穿上短裙、馬靴，打扮得風光美麗亮相的小虛榮啦！

Q：北一女儀隊……有男的嗎？不是啦！因為很多人看起來都剪個男生頭，站那麼遠，也分不出來。

A：這當然是……有！我們的教練楊先鐸就是啊，正式隊員的話則完全沒有。北一女雖然曾招收過男學生，但那是在儀隊成立之前的事了。至於為什麼女生要剪男生頭嗎？老實說，一開始就是為了「潮」，在那個西瓜皮的年代，你會選西瓜皮還是那種有層次的短髮？

Q：北一女儀隊覺得最大競爭對手是誰？

A：可以說自己嗎？我們很樂於跟其他學校的儀隊分享和交流，也希望是良性的競爭，讓大家的表演都愈發精采跟成熟。北一女儀隊從沒有過假想敵，我們覺得專注於自身的訓練和團隊默契是最重要的。（編按：這回答也太官腔了吧！）

Q：北一女儀隊最怕的是什麼？

A：教練？不是。隊長？不是。（都愛死囉！）其實是老天爺，最折磨人的是老天爺。怕大熱天、大太陽，總要被曬暈，一個夏天曬下去必成黑炭，也就算了，更怕的是下雨，室外表演若遇微飄的毛毛雨，還是要進行表演，但槍淋了雨又濕又滑，超難控制，很怕掉槍，每次都膽顫心驚。

Q：北一女儀隊最不好意思分享的回憶是什麼？

A：無疑地，是那件穿在身上練習的（還沒有洗的）結晶鹽綠制服。你知道嗎？不管冬天、夏天，那件綠制服陪我們「上刀山、下油鍋」，啊，不是，是日曬、雨淋。汗水在上頭濕了又乾，結成白白的粉末結晶，沒錯，就是鹽，上午穿完之後，有時會利用午休時間洗了晾乾，下午繼續穿，沒有乾也沒關係，因為立刻就會又濕了。雖然少女的香汗是很美好，但，如果要辦個儀隊文物展，那浸滿汗水的綠制服，還是算了吧。

Q：北一女儀隊最大的特權是？

A：可以帶刀、帶槍到各國元首與高官面前，一定是最大特權了。不要想說那是道具，它們可是實實在在的「武器」啊。想想飛出去的槍和刀，要是不小心砸到大人物身上，可能就要被警察帶走了。可能是，北一女儀隊技術夠好，不會有這個問題吧！（哈哈哈）

有些場合，隊長的刀真的是離貴賓們很近，有心的話，砍下去他就掰掰了，不過隊長們一直都很安分守己。還有，北一女儀隊這麼多次帶「武器」過海關，一向不會受到阻撓，看來這麼多年的信譽不是累積假的。

Q：關鍵最後一問，花那麼多時間練儀隊，會影響功課嗎？

A：既然是最後一個問題，當然要認真回答。根據數據與儀隊校友說法，兩方面交叉比對，練儀隊對功課，幾乎是不會有負面影響的。因為，當可以分配的時間減少了，而要做的事情變多時，自然而然地就學會分配與利用時間，在最短的時間內把該做的事情做到最好，在高中時期有機會學到時間管理，是很重要的一課，因此大多數人都是可以兼顧儀隊和功課的。

青春百寶格

第一屆在中華體育館初次亮相時，（那是一九六三年秋天，那一次我們每個人都很緊張，因為槍法什麼的還一點都不會。）我特別央求家中父執輩的姚琢奇叔叔幫忙拍照，行前特別叮嚀「我是在第一分隊喔！」沒想到照片洗出來，相片對焦在「第一排」隊長身上。為了彌補這個失誤，姚叔叔答應，有表演定再幫我照相。姚叔叔當時是合眾國際社的專業攝影記者，這才留下幾張當年的清晰照片。

——**儀1黃曉露**

說來很慚愧，那麼多年我記住的學生名字大概只有二十個不到。剛來北一女儀隊那年，我二十九歲，剛成家。其實楊教練早有意找我進北一女，只礙於之前單身，有所顧忌。結婚後，楊教練才向丁亞雯校長提議增聘一名教練。我去面試時，丁校長雖然答應聘我，嘴裡仍嫌我太年輕呢。

——**戴鴻堯教練**

爺爺說，他想要做一份歷屆表演的紀錄，從第一屆開始到現在，文字也好，最好有照片或是影片，尤其是幾個重大表演與海外表演，那是他的心血與成就啊！師母常說，他回到家裡，坐著，或是在看電影搭公車的時候，都可以看見他手指在腿上勾勾畫畫，正在想隊形呢！爺爺的心願，我只能幫著他、陪著他完成部分。其他的，只能盼將來的北儀，延續並完成了。

——儀32**鄭穎澧**

第一次學五號槍，要練「跳槍」，因為是要離手的新槍法，很怕掉槍。一直反覆做前面不離手的動作，遲遲不敢把槍旋出去，爺爺其實都在默默觀察。這時候，爺爺在我後面喊一聲「出手」，然後我就成功了，心想說：「啊！我接到了！」爺爺還跟我說：「跳得很好啊！」

——儀39**胡藜方**

我們這屆幾個白槍的感情很好，雖然練習很辛苦，因為是大家一起苦，也就沒那麼難了。有幾次我槍練不好，遇到瓶頸，自己去練習的時候，發現操場上其他人也在，「原來我不是一個人啊。」一股暖意湧上心頭，那種感覺真的很好。白槍左右對稱，兩兩一組，像是左一右一，我們都互稱「對稱」，不喊名字。當年因為我沒去日本表演，心裡當然難免失落，那次是出小隊，大約只有三分之一（而白槍約二分之一）的人能去。那時已是高三上，心想她們一起出國感情一定會更好，會不會就忘記我了？想著想著，也難過了起來。但對稱當時每天都寫日記給我，告訴我在那裡發生了什麼事，還買了小禮物回來，我才知道，原來我並沒有被遺忘，看著對稱的日記和禮物，心裡滿滿地感動。

——**儀33胡玲瑄**

我高中最好的三個朋友都是在儀隊交上的。她們是胡毋意、蔣希如和蘇斐。我們站在第一分隊，有時候不太專心，楊教官就點名警告「空領粉」、「呼舞意」、「江洗如」還有「土匪」！我們往往聽了笑得東倒西歪，更練不下去了。

——**儀12孔令芬**

我們那一屆去美國參加玫瑰花車遊行，在歡迎晚會上，有人輾轉問到了我的名字（王靈芝）。那是我從幼稚園到國小同班的一個男同學和他在美國洛杉磯

擔任北一校友會幹部的媽媽。在國小畢業後，他們舉家搬去美國而失去聯繫。但因為這樣巧妙的機緣，我們再次聯絡開始通信。而後來我到美國，還又成為了大學同學和鄰居，變成最信任要好的朋友。因為北一樂儀隊，很意外卻幸運地拾回並延續了一個緣分。

這就是北一的情誼——即使身在世界不同的角落，即使隔了幾個世代的歲月，只要一日是北一小綠綠，就有如家庭一樣的終身歸屬感和聯繫。這是我們每個身為北一的驕傲，也是對北一的濃厚感情。

——儀31王俞又

畢業多年之後，我跟先生、孩子到蘇州拙政園觀光，忽然之間，後面傳來一個聲音，喊我名字「馮燕」，是楊教練。原來他帶著學妹到那邊表演。很巧、很感動，我們已經這麼多年不見，我都已經當媽媽了，教練見了我的背影還認得我，叫得出我的名字。

——儀10馮燕

我住內壢，那時候選上總隊長，每天都要四、五點起床趕著去練習。爸爸看我每天回家都累到眼神呆滯，手也受傷，練完第一週，他開著車帶我到桃園最大的藥房，給藥師看傷口，買了一種美國進口的藥粉。擦完後，爸爸問我有沒有效，我說有，他又去幫我買了一些，說可以給其他隊長一起用。

某次練完，搭著火車回家時，竟然站著睡著了，熟睡到手一鬆就跌倒了，被一位乘客讓座，說「北一女的學生是不是念書都太累啦？」在區間車兩排長長的座位上，常常累到靠睡在別人肩膀上。諸如此類地，每天都過著大口吃、趕快睡的生活，常常在別人的肩頭上醒來，也沒特別想明天要做什麼，看似沒有盡頭的練習生活，卻在每次表演結束時苦盡甘來。

——儀33王欣怡

那時我家住東門，往北一女須搭0東公車，同樣路線的還有建中等男校。有次表演完要歸還制服時，將帽子拿在手上坐公車。才一上車，全車的建中男生不約而同地行注目禮，並流露滿眼讚嘆。為此，我突發奇想，只歸還制服與短靴，故意藉口帽子忘了帶，晚一天再交還，隔天再多享受一次全車男生的艷羨眼光！

時隔多年，我又重返儀隊校友隊，有回校慶表演完，拿著帽子走在總統府前，遇到一群迎面走來的小綠綠，居然熱情而羨慕地指著帽上毛茸茸的流蘇問：「學姊，讓我摸一摸好不好？」同樣艷羨的目光，這才讓我感受到，半世紀來，北一女儀隊在大家心目中，仍有著這樣不凡的地位呀。

——儀4張立群

回憶楊教官，印象最深刻的是山東腔的口令，靈活又英挺的示範動作（原地轉身立正），訝異於他超標準的身材，想想怎麼會有這把年紀身材這麼好的人？香菸不離手，拿把木槍在沙地上隨興的畫隊形，很瀟灑。

——儀14鄧懷湘

穿上隊服、戴上佩刀，站在隊伍的最前頭，曾經我也有一身傲氣，但儀隊兩年多的磨練卻讓我學會了謙卑：完美的不是表演，而是與教練、隊友共享的回憶。練習與出隊免不了挫折與失敗，坦然接受、優雅轉身，何其困難！也許十幾歲的我學到的只是強自鎮定的外表，而內含的氣度卻使往後的人生受益良多，一天有一天的體會。

——儀26楊可玉

有一個妳好久好久沒有提起的回憶，自然不曾梳理過。那麼認真過每天，以至於不知道之前之後自己是否有了什麼變化，得到什麼，失去什麼。那樣類似盤古開天闢地一天天混沌中過去的日子，也慢慢成為現在的自己的一部分。不曾計算目的，不曾預想什麼收穫結果，只是一天一天過去，很累卻很安全。因為到了後來，天天算著為了得到什麼，所以努力什麼，為了成為什麼，所以累積什麼。並且覺得有動力。

原來那就是無憂無慮，如果硬是為十七歲那段認真找一個結論的話。

——儀39陳雅惠

有時不免想念那時的自己，是如此認真地為一個目標努力、堅持及無畏，現在的我有時會徬徨、會遺忘當年的勇敢，必須要提醒自己，拿出儀隊精神，認真地過生活。

——儀43張心宇

致青春，美好的青春，青春無敵。

——儀27鄭雅芳

北一女

北儀招牌隊形「一條龍」，是楊教練在 1980 年時為了訪美特別設計的，時移 35 年，傳承未歇，至今仍在女孩們的手中翻轉……

北一女儀隊年譜

一九四八——北一女成立鼓樂隊，為樂隊的前身。

一九五九——北一女樂隊成立。

一九六三——北一女儀隊成立。儀隊制服為綠背心、繡雙龍；樂隊則換新制服為紅背心、繡雙鳳。

達荷美共和國（Republic of Dahomey，一九五八年至一九七五年，今為貝南共和國）總統伉儷來訪，儀隊因仍未完成訓練，僅由儀隊之中掌旗隊伍與樂隊代表出迎。

光復節與蔣公誕辰紀念日，儀隊全體初登場亮相，未有花式操槍表演，僅有分列式。

一九六四——三二九青年節於中華體育館，多校樂儀隊齊聚一堂，此為儀1屆最後一次正式表演，精湛槍法令人印象深刻。

韓國總統伉儷訪臺，政府動員臺北市六萬名中學生列隊歡迎，北一女樂儀隊也在隊列之中。

一九六九——越南共和國總統伉儷訪臺，政府動員北一女樂儀隊，會同一般學生五百人列隊歡迎及歡送。

尼日共和國總統伉儷訪臺，北一女樂儀隊參與迎送。

一九七〇——儀6屆獲選於日本大阪萬國博覽會「中國日」上表演。因表演之故制定新制服，改白長褲、白短靴為白短裙搭配白馬靴，後北一女儀隊沿用。

一九七一——北一女「青年文化活動中心」落成，儀隊槍室、樂隊樂器室都設於活動中心地下室，沿用至今。樂儀隊教練休息室、儀隊隊長室設於活動中心一樓。

一九七六——儀12屆到忠烈祠站崗。同年，原訂赴夏威夷參加美國獨立紀念日慶祝表演，為此於制服手臂上加印了國旗，後因經費問題，取消訪美。

一九七九——儀15屆參加臺灣區運動會，由蔣經國總統親自視察問好。

一九八〇——北一女樂儀隊接到美國明尼蘇達州水上節主辦單位邀演。

一九八一——明尼蘇達州水上節邀演，經外交部贊助升格為城市交流，全團以「中華民國臺北市一女中友好訪問團」名義出訪，儀隊團員主要由儀17屆選出，赴美國展開為期二十八天，跨越七個州十一個城市的巡演；此行，教育部特准團員燙髮，撼動了數十年的髮禁規定。回程儀17屆再往新加坡，赴克信女中邀演。回國後，於甫峻工的中正紀念堂前廣場表演並召開記者會。

一九八二——雙十節由北一女、中山女中、景美女中三校聯合分列式，北一女總隊長領頭。

一九八三——儀20屆儀隊之中的護旗隊伍開始改用白槍。

一九八四——儀20屆接待來訪之菲律賓崇德中學。

一九八六——儀21屆赴南非共和國，參與約翰尼斯堡建市百週年市慶表演。

一九八七——適逢臺北市改制為直轄市二十週年，儀23屆到中正紀念堂表演。曾在南非接待北一女學生的林頓（Linden）高中與北景（Northview）高中兩所學校，特到北一女回訪交流表演。諾魯共和國貴賓訪臺，特前往北一女欣賞樂儀隊表演，由儀23屆演出。

一九八九——十月二十四日，史瓦濟蘭國王恩史瓦帝三世與王妃訪臺，至北一女觀賞樂儀隊演出。北一女教官朱穗生說，本次表演有慶賀恩史瓦帝三世登基（一九八六年）之意。

一九九〇——楊教練之弟子、陸軍儀隊四十八期退伍的戴鴻堯始蒞校擔任教練。

一九九一——祕魯第一夫人籐森女士（蘇珊娜・樋口，Susana Higuchi）偕女兒籐森惠子訪臺，由儀27屆接待，其中儀隊隊員熊序瑜除表演外，還擔任他們的翻譯。

一九九二——儀27屆赴上海、南京、北京訪問交流並演出。行程之中，北一女樂儀隊全隊兩百四十五人，赴南京中山陵謁陵，成為第一支謁陵的臺灣學生隊伍。

一九九四——儀30屆於臺灣區運動會上，進行北一女中、景美女中、松山家商等三校樂儀隊聯合表演。

一九九六——一月一日，儀31屆受邀參加一〇七屆美國加州玫瑰花車遊行。儀32屆參加國際樂儀旗觀摩，北一女接待來表演的南非學生隊伍。

一九九七——儀33屆受日本銀座祭主辦單位之邀，赴東京參加第三十屆銀座祭遊行，並順道於長崎豪斯登堡表演。戴鴻堯辭去北一女儀隊教練之職。

一九九八——北一女旗隊成立。

一九九九——儀35屆赴英法參訪，並於倫敦、格拉斯哥、愛丁堡Mini Tatoo遊行演出。

八位畢業了三十年的儀4屆校友，首度重拾儀槍，集訓三個月後於北一女校慶演出，首開校友儀隊的之例。

二〇〇一——儀38屆出席第四屆亞洲青棒錦標賽開幕表演。

儀38屆受日本亞運邀請，可惜全隊人數仍不達主辦單位要求，只好放棄。原也接到隔年美國玫瑰花車遊行邀請，但因當年發生九一一事件，校方考量安全因素而婉拒。

二〇〇二——儀隊隊長室搬到光復樓二樓。

二〇〇三——儀39屆參加苗栗外埔漁港的海軍漢陽艦爆破儀式。

儀40屆於北一女百年校慶表演。

二〇〇四——由儀4屆所組成的校友儀隊慶祝母校百年校慶，再度回校演出。

十二月三十一日，儀41屆於加州迪士尼樂園遊行表演，為首度入園表演的外賓團體。

二〇〇五——一月一日，儀41屆參加一百一十六屆美國玫瑰花車遊行，為隊史上第二度參加本遊行，是該活動第一支在十年內連續獲邀的外國隊伍。

二〇〇六——七月四日，儀42屆赴美參加美國獨立紀念日兩百三十週年遊行，於美國首府華盛頓長木公園、RFK球場表演。

北一女儀隊睽違多年再度受邀於雙十節演出，由儀43屆表演，惜因「紅衫軍運動影響」，演出未受注目。

儀32屆校友鄭顒澧始蒞校擔任教練。

二〇〇七——儀43屆獲選為愛丁堡軍樂節正式表演隊伍，赴英演出長達一個月。

十二月一日，儀41屆主辦「大隊聚」於圓山飯店舉行，共有近八百名歷屆隊員參加，一圓楊教練心願。

二〇〇八——儀45屆為儀隊創立以來人數最少的一屆，全隊僅四十一人，儀隊面臨存廢議題討論。

二〇〇九——「北一女中樂儀旗隊永續發展協會」成立，並開始回校協助樂儀旗隊招生。

儀43、44屆參加聽障奧運開幕式。首度跨屆組成校友儀隊。

二〇一〇——十一月六日，儀47屆參加臺北國際花卉博覽會開幕表演。跨屆校友儀隊於校慶表演分列式，受到媒體注目。為因應儀隊人數減少問題，順應時代潮流，自此取消儀隊甄選資格限制，凡有意願者皆可參加，並給予嘉獎或公服時數獎勵。

二〇一一——在北一女中樂儀旗隊永續發展協會與校方合作協助招生下，儀48屆人數回升至八十人，遠高於他校儀隊。

四月二十五日，參加臺北國際花卉博覽會閉幕表演。

七月三十日，儀隊校友自發舉行楊先鐸教練追思會，會上「儀隊校友隊」宣誓成立，以圓教練遺願。

二〇一二——儀48屆赴奧地利參加史萊德明中歐管樂節表演。

二〇一三——儀49屆赴法國參加巴黎音樂節表演。

儀50屆參加全運會開幕式演出。

十二月十四日，儀隊校友自發舉辦「北儀五十週年重聚」。

二〇一四——儀50屆隊史上第二度赴奧地利參加史萊德明中歐管樂節表演。

二〇一五——儀51屆隊史上第三度赴奧地利參加史萊德明中歐管樂節表演。

＊雙十節、四海同心晚會、樂儀旗觀摩、樂儀旗比賽、北一女中校慶等為儀隊例行演出，幾乎年年參與，故未列於年譜中。

楊先鐸教練年譜

一九三四——生於山東煙台。

一九四九——隨國民政府來臺。

一九五七——被選為陸軍儀隊第一期隊員，並被拔擢為種子教官。

一九五八——於儀隊訓練成果博覽會，隨陸軍儀隊首次公開亮相。

一九五九——帶領槍法研發小組，自行編排隊形與動作，搭配陸軍樂隊首次在陸軍官校演出，為現今表演形式的雛形。

一九六三——與陸軍儀隊于仕湘隊長一同受禮聘到新成立儀隊的北一女任教。

一九六四——所指導北一女儀隊在青年節表演中初試啼聲，獲滿堂彩。同年奉命到北士商、樹仁家商、景美女中、開南商工、內湖高工及南強商工等學校擔任儀隊教練。

一九七〇——所指導北一女儀隊獲選為日本大阪萬國博覽會之「中國日」演出，囿於軍職在身，而未親自率隊出國；同年暑假應救國團之邀，協助全臺各縣市成立學校儀隊。

一九七〇——由於「中國日」儀隊演出至為轟動，受聘為藝霞歌舞團、中華藝

～七三　術歌舞團顧問，指導團員「槍舞」。

一九七五——與孫玲麗女士結為連理。受聘為靜修女中儀隊教練。

一九七八——大女兒楊馨雨出生。

一九七九——小女兒楊馨宜出生。

一九八一——受命赴新加坡協助訓練新加坡軍儀隊。

一九八四——雙十節表演，指導北一女中、中山女中、景美女中、士林高商、靜修女中、松山家商等六所學校，共六百位學生聯合排練分列式。

一九八六——自陸軍儀隊退伍，而後專心投入臺灣學生儀隊教練工作。親率北一樂儀隊赴南非共和國，約翰尼斯堡建堡一百週年表演。

一九八七——指導北一女樂儀隊參加第一屆臺北市樂儀隊比賽奪冠。

一九九二——親自偕同戴鴻堯教練率北一女樂儀隊赴上海、南京、北京訪問交流並演出。

一九九四——松山家商、北一女中、景美女中三校樂儀隊，共三百六十人聯合在臺灣區運會表演，儀隊由楊教練統籌表演內容。

一九九六——親率北一女樂儀隊參與美國加州第一〇七屆的玫瑰花車遊行。

一九九七——親率北一女樂儀隊參與日本銀座祭大遊行。

一九九九——親率北一女樂儀旗隊赴英法巡演，同年開始在三民高中擔任儀隊教練。

二〇〇七——所指導北一女儀隊獲選為英國愛丁堡軍樂節正式表演團體，赴英演出一個月，因考量自己體力不適合長途旅行，委由弟子鄭顥澧教練率隊前往。

二〇一〇——三軍儀隊籌備雙十節演出期間，邀請高齡七十七歲的楊先鐸教練回隊傳授經驗。是年底，開始擔任新竹忠信高中儀隊教練。

二〇一一——二月七日，清晨病逝於新店耕莘醫院，享壽七十七歲。由北一女中成立治喪委員會，二月二十日舉辦告別式。

＊楊教練指導過的學生儀隊，由於部分指導起迄年份未能確定，故未列詳載於年譜中，謹列於下：北一女中、景美女中、內湖高中、靜修女中、開南高工、士林高商、松山家商、西湖工商；板橋高中、三民高中、光啟中學、樹人家商；忠信高中；臺中女中；宜蘭商職等。

P.145 | 陳冠綾提供。
P.147 | 陳冠綾提供。
P.148 | 林俞汝提供。
P.150 | 吳芳碩攝。

第三章
P.152-153 | 黃暐恬攝。
P.155 | 北一女提供，吳漢障掃描。
P.156 | 唐麗英提供。
P.158 | 孫玲麗提供。
P.159 | 黃暐恬攝。
P.161 | 詹美智提供。
P.162 | 孫玲麗提供。
P.163 | 彭文麗、楊厚儀提供。
P.164 | **上圖**：蔡馥光提供。**下圖**：侯詠琪提供。
P.167 | 黃暐恬攝。
P.168 | 彭伊文提供。
P.169 | 孫玲麗提供。
P.171 | 黃暐恬提供。
P.172 | 黃詩嘉提供。
P.181 | 鄒開蓮提供。
P.182 | 林蓁提供。
P.183 | 孫玲麗提供。
P.185 | 北一女青年社提供。
P.186 | 鄭顆澧攝。
P.187 | 孫玲麗提供。
P.189 | 陳碧珠提供。

第四章
P.190-191 黃暐恬提供。
P.193 上圖 ：孫玲麗提供。下圖 ：唐麗英提供。
P.196 石宜巧提供。
P.200 上圖 胡毋意提供。下圖：孫玲麗提供。
P.201 黃暐恬提供。
P.202 | 孫玲麗提供。
P.204-205 | 孫玲麗提供。
P.207-210 | 詹美智提供。
P.212 | 崔麗心提供。
P.213 | 詹美智提供。
P.216 | 孫玲麗提供。
P.218 | **上圖**：夏國安提供。**下圖**：黃暐恬提供。
P.219 | 孫玲麗提供。
P.220-221 | 夏國安提供。
P.222 | 陳曉慧提供。
P.224 | 楊厚儀提供。
P.225-226 | 林蓁提供。
P.228 | **上圖**：戴鴻堯提供。 **下圖**：孫玲麗提供。
P.230 | 鄭顆澧提供。
P.233 | **右上**、**左上**：蔡馥光提供。**下圖**：孫玲麗提供。
P.234 | 吳芳碩攝。
P.237 | **右上**：孫玲麗提供。**左上**：黃揚西提供。**下圖**：黃暐恬提供。
P.239 | 陳睦彥提供。
P.242 | **上圖**：孫玲麗提供。**下圖**：張迎真提供。
P.246 | 梁蘭蓁提供。
P.248 | **上圖**：許海雯提供。**下圖**：柴美筠提供。
P.250 | 吳漢障攝。
P.253 | 黃暐恬攝。
P.254-255 | 鄭顆澧攝。

＊本書涵蓋年代久遠，諸多資料照片，難以考證原始拍攝者與照片中人物，如有疏漏，在此向您致歉。如您發現內頁引述您的資料，而未載於上，請與編輯部聯絡，將於再版時補上或更正。

參考資料

《敦睦之旅——中華民國臺北市一女中友好訪問團紀行》（*A Friendly Visit——Goodwill Mission of Taipei First Girls' Senior High School, Republic of China*），1983 年 7 月。
《臺北市立第一女子高級中學慶賀南非約堡建市百年慶典訪問團訪問報告》，1986 年。
《臺北市立第一女子高級中學樂儀隊訪問大陸記》，1992 年。
《小草的三年》，臺北：正中書局，1999 年。
《典藏北一女》，北一女中百年特刊編輯委員會，臺北：正中書局，2003 年。
《綠園心 玫瑰情——北一女樂儀旗隊參加 2005 美國加州 116 屆玫瑰花車遊行彙編》，2005 年。
《燦兮儀光——北一女儀隊別冊》，2007 年 12 月。
《綠意》，北一女校友會會訊，2008 年 6 月號。
《綠意》，北一女校友會會訊，2010 年 6 月號。

照片與參考資料索引

照片索引

封面人物｜北一女儀隊 44 屆總隊長蘇育萱
封面、封底、前折口、後折口｜黃暐恬攝。
書名頁｜張迎真、陳世莉提供。
P.6-7｜黃暐恬攝。
P.8｜**上圖**：姚琢奇攝，黃曉露提供。**下圖**：彭伊文提供。
P.9｜黃暐恬提供。
P.10-11｜孫玲麗、韓晶宜提供。
P.12｜**上圖**：朱穗生提供。**下圖**：熊序瑜提供。
P.13｜孫玲麗提供。
P.14｜**上圖**：趙敏含提供。**下圖**：柴美筠提供。
P.15｜林蓁提供。
P.16-17｜彭伊文提供。
P.18-19｜陳佩燁提供。
P.20｜**上圖**：宗才怡提供。**下圖**：崔麗心提供。
P.21｜趙敏含提供。
P.22-23｜趙敏含提供。
P.24｜**上圖**：蔡馥光提供。**下圖**：趙敏含提供。
P.25｜黃暐恬攝。
P.26｜**上圖**：陳冠綾提供。**下圖**：黃暐恬攝。
P.27｜黃暐恬攝。
P.28-29｜侯詠琪提供。
P.30-31｜吳芳碩攝。
P.32｜**上圖**、**下圖**：孫玲麗提供。
P.33｜饒淑娟攝。
P.34-37｜孫玲麗提供。
P.38｜**上圖**：孫玲麗提供。**下圖**：黃暐恬提供。
P.39｜孫玲麗提供。
P.40-41｜吳漢障攝。
P.42-43｜黃齡萱、侯詠琪提供。

第一章
P.58-59｜北一女提供，吳漢障掃描。
P.61｜董鼎禾攝。
P.62｜胡德琬提供。
P.64｜孫玲麗提供。
P.65｜黃暐恬攝。
P.68-69｜張立群提供。
P.71｜北一女提供，吳漢障掃描。
P.73｜北一女提供，吳漢障掃描。
P.74｜姚琢奇攝，黃曉露提供。
P.76｜孫玲麗提供。
P.78-79｜戴鴻堯提供。

第二章
P.80-81｜黃暐恬攝。
P.83｜黃暐恬攝。
P.85｜黃暐恬攝。
P.88｜林蓁提供。
P.92｜侯詠琪攝。
P. 94｜黃暐恬提供。
P. 95｜鄭穎澧攝。
P. 97｜鄭穎澧攝。
P. 101｜孫玲麗提供。
P.102｜鄭穎澧攝。
P. 103｜黃珮瑄。
P. 105｜**上圖**：石宜巧提供。**下圖**：鄭穎澧攝。
P.106｜石宜巧提供。
P.109｜楊厚儀攝。
P.110｜**右上**、**左上**：鄭穎澧提供。**下圖**：石宜巧提供。
P.112｜黃暐恬攝。
P.115｜**上圖**：熊序瑜提供。**下圖**：黃暐恬攝。
P.116｜孫玲麗提供。
P.119｜宗才怡提供。
P.120｜**上圖**：林蓁提供。**下圖**：黃暐恬攝。
P.121｜黃暐恬攝。
P.122-23｜黃暐恬攝。
P.127｜孫玲麗提供。
P.129｜黃暐恬攝。
P.131｜侯詠琪攝。
P.133｜侯詠琪攝。
P.135｜孫玲麗提供。
P.136｜黃暐恬攝。
P.139｜**上圖**：陳世莉提供。**下圖**：惠筠提供。
P.140｜鄭穎澧攝。
P.142｜彭伊文提供。
P.143｜吳芳碩攝。

｜儀1｜宗才怡、梁蘭蓁、黃曉露。｜儀4｜陳茜、張立群。｜儀5｜楊光真、戴春雅。｜儀7｜陳美俐。｜儀8｜唐麗英、楊靜芬。｜儀10｜馮燕。｜儀11｜朱雪瑋。｜儀12｜于人瑞、孔令芬、胡毋意、胡德琬、張怡平。｜儀13｜李瑞琳、忻憶蓉、蔡之雲。｜儀14｜李少英、陳正雯、郭南蘋、鄧懷湘。｜儀15｜王如玄。｜儀16｜王正華、黃秋美。｜儀17｜江逸燕、李佳芳、崔麗心、湯維郁、詹美智、楊嘉玲、蔡麗淑。｜儀18｜張迎真、陳世莉、彭伊文、鄒開蓮。｜儀20｜王文鹿、祁亞蕾、周碧娟、許宜欣、陳佩燁、劉寶新、蕭婷玉、藍珍梅、羅倩玲。｜儀21｜夏國安、鄭淑燕。｜儀23｜柴美筠、張永佳、黃文貞。｜儀24｜吳淑貞、邱佳穎、張瑞玲、魏小蘭、聶君玲。｜儀25｜宋佩文、郭宗瑜。｜儀26｜郭秀娟、楊可玉。｜儀27｜林蓁、李宜芳、周瑤敏、高淑娟、陳秀莉、陳昭如、胡馨華、倪薇平、劉昕和、彭文麗、楊厚儀、熊序瑜、廖憶純、鄭雅芳、戴慧雯。｜儀28｜王祥齡。｜儀30｜江佩珊、柯佳惠。｜儀31｜王俞又、郭正佼、黃奎毓、蔡馥光、龍珮翊。｜儀32｜鄭穎澧。｜儀33｜王欣怡、胡玲瑄、葉穎琪。｜儀34｜陳祖睿。｜儀35｜戴士嫻。｜儀36｜惠筠。｜儀38｜林依亭、李祐瑜、唐珮瑄、連文園、趙敏含、趙珮含、謝雨青。｜儀39｜石宜巧、林姵君、林揚翼、查慧瑛、胡藜方、陳允文、陳妍君、陳雅惠、陳穎涵、張又元、張凱惠、諸耀君、賴怡文、魏蘭亭。｜儀40｜林俞汝、陳茗均、陳冠綾、彭姿皓、鄒佳伶、劉瑋芊、盧沛樺。｜儀41｜徐琬婷、周漢樺。｜儀42｜王渟、梅華軒、趙梓伶、趙澤瑋。｜儀43｜吳悠、張心宇、張雅棓、黃詩嘉、廖子雅。｜儀44｜蘇育萱。｜儀45｜侯詠琪、康庭瑀、胡芮萍、黃瑀薇、黃齡萱、賈孟蓉。｜儀47｜周佩璇、咸德穗、陳亭儒、楊易安。｜儀50｜楊爾文。｜儀51｜吳文歆、陳冠蓉、葉珊瑀、謝于萱。｜樂32｜黃琡瑜、鍾文英。｜樂37｜林巧玲。｜樂39｜黃暐恬。｜樂43｜馬蘭蘭。｜樂44｜周欣儀。｜樂46｜劉姿君。

北一女中樂儀旗隊永續發展協會 出版小組

出版召集人——張迎真
行銷召集人——黃暐恬
審定————張立群、鄭穎澧、周漢樺、張心宇
募款組————陳茜、于人瑞、胡毋意、林宛昵、蔡佳慧、汪睦容
文宣組————許馨、黃齡萱、張心宇、郭丹穎、徐巍恆
文獻組————吳漢障、董鼎禾、鄭穎澧

致謝

感謝贊助

個人｜

陳藹玲、鄒開蓮、Moh Jue Chiu、孔令芬、彭伊文、Su-Lan Wang、沈仁平、游菀瑜、張立群、丁廉諫、王如玄、李右芷、周瑤敏、施振光、胡毋意、胡德琬、張宜德、張迎真、莊志瑜、許莉敏、許瑜真、郭南蘋、陳世莉、陳欣茹、陳嘉芸、彭一驊、馮燕、黃暐恬、楊沛涵、詹美智、廖憶純、蔡昀羲、鍾杰滢、韓晶宜、張惠梅。

團體｜

社團法人中華民國北一女中儀隊校友協會。

＊囿於篇幅僅列萬元以上贊助者，誠摯感謝每一位的支持。

感謝採訪與資料提供

個人｜

楊先鐸夫人孫玲麗、北一女中現任校長楊世瑞、北一女中退休教官李家芸、北一女中退休教官趙惠珠、北一女中退休教官徐燕群、北一女中退休教官楊正明、北一女中退休教官朱穗生、北一女中退休教官蔣邦祖、北一女中現任教官林宜紅、北一女中現任教官楊子儀、北一女中退休護理教師陳碧珠、前北一女中儀隊教練戴鴻堯、前藝霞歌舞劇團團員陳小咪。

團體｜

臺北市立第一女子高級中學、北一女中儀隊校友協會台北校友隊、北一女中南加州儀隊校友隊、北一女中亞特蘭大儀隊校友隊、北一女中北加州儀隊校友隊、北一女中休斯頓校友會儀隊、北一女中青年社。

北一女青春・儀

作者　北一女中樂儀旗隊永續發展協會
總編輯　劉伯姬
責任編輯　吳芳碩
採訪　吳芳碩、林姵君
撰文　吳芳碩
美術編輯　白日設計
編輯小組　王秀萍、蔡佳妏、駱靖
校對　林姵君、吳宜慧、吳雅怡、李鳳珠
審定　北一女中樂儀旗隊永續發展協會
—
印刷　詠豐印刷有限公司
初版一刷　2015 年 12 月
定價　380 元
ISBN　978-986-91670-1-7
—
出版發行　木蘭文化事業有限公司
地址：新北市新店區碧潭路 77 巷 1 號 11 樓之 1
E-mail：mulanrenew.service@gmail.com
Facebook：https://www.facebook.com/mulanrenew
總經銷　商流文化事業有限公司
TEL：（02）5579-9575
FAX：（02）8925-5898
訂單：order@vdm.com.tw

國家圖書館出版品預行編目（CIP）資料

北一女青春・儀／北一女中樂儀旗隊永續發展協會著／初版／新北市：木蘭文化，2015.12
286 面；15×21 公分
ISBN 978-986-91670-1-7（平裝）

1. 儀隊

527.83　　104022866